GUIDE

DES

ÉCOLES PRIMAIRES,

OU

LOIS, RÉGLEMENS ET INSTRUCTIONS

CONCERNANT LES ÉCOLES PRIMAIRES,

RECUEILLIS ET MIS EN ORDRE PAR UN RECTEUR D'ACADÉMIE
EN L'UNIVERSITÉ DE FRANCE;

OUVRAGE APPROUVÉ PAR LE CONSEIL ROYAL,
ET RECOMMANDÉ PAR S. EXC. LE MINISTRE DE L'INSTRUCTION PUBLIQUE.

A L'USAGE

DES INSTITUTEURS ET DES INSTITUTRICES,
DES COMITÉS, DES INSPECTEURS ET DES SURVEILLANS SPÉCIAUX
DES ÉCOLES PRIMAIRES.

TROISIÈME ÉDITION.

PRIX : 1 FR. 50 C.

PARIS.
LIBRAIRIE CLASSIQUE DE L. HACHETTE,
ANCIEN ÉLÈVE DE L'ÉCOLE NORMALE,
RUE PIERRE-SARRAZIN, N° 12.
1830.

1789.

1802.

1815.

1816.

1817.

1820.

GUIDE

DES

ÉCOLES PRIMAIRES.

IMPRIMERIE DE E. DUVERGER,
RUE DE VERNEUIL, n° 4.

GUIDE

DES

ÉCOLES PRIMAIRES,

OU

LOIS, RÉGLEMENS ET INSTRUCTIONS

CONCERNANT LES ÉCOLES PRIMAIRES,

RECUEILLIS ET MIS EN ORDRE PAR UN RECTEUR D'ACADÉMIE
EN L'UNIVERSITÉ DE FRANCE;

OUVRAGE APPROUVÉ PAR LE CONSEIL ROYAL,
ET RECOMMANDÉ PAR S. EXC. LE MINISTRE DE L'INSTRUCTION PUBLIQUE.

A L'USAGE

DES INSTITUTEURS ET DES INSTITUTRICES,
DES COMITÉS, DES INSPECTEURS ET DES SURVEILLANS SPÉCIAUX
DES ÉCOLES PRIMAIRES.

TROISIÈME ÉDITION.

PRIX : 1 FR. 50 C.

PARIS.
LIBRAIRIE CLASSIQUE DE L. HACHETTE,
ANCIEN ÉLÈVE DE L'ÉCOLE NORMALE,
RUE PIERRE-SARRAZIN, N° 12.
1830.

OBJET DE CE LIVRE.

La législation sur l'instruction primaire renferme tout ce qu'il faut pour la direction des écoles ; mais l'ignorance presque entière des réglemens de la part des instituteurs, s'oppose à l'amélioration et aux progrès de cette partie de l'éducation. Nos statuts sont pleins d'utiles préceptes et de bonnes doctrines qu'il suffit de faire connaître, et que les maîtres sont souvent excusables d'ignorer. S'ils ont reçu des instructions et des conseils, ils ne les ont trouvés nulle part réunis en corps de documens avec les réglemens auxquels ils doivent se conformer.

Il a donc paru nécessaire de donner aux instituteurs, aux institutrices et aux comités, un précis des actes universitaires qui les concernent. On y a joint quelques observations sur les diverses méthodes, et un réglement général d'école dont ils peuvent aisément faire l'application.

Outre l'objet principal de ce livre, on a aussi en vue de tracer la marche à suivre dans toutes les affaires relatives à l'instruction primaire, et de faciliter ainsi, autant que possible, les relations entre les instituteurs, les comités et l'académie.

OBSERVATIONS.

1° Les articles de ce Recueil, qui sont extraits des lois, ordonnances, statuts ou arrêtés de l'autorité supérieure, portent la date de ces diverses décisions. Les autres articles sont, en général, des mesures prescrites ou des instructions données par les recteurs.

2° Ce livre a pour objet à la fois les écoles primaires de garçons et les écoles primaires de filles, quoique le mot *Institutrice* ne soit pas toujours joint à celui d'*Instituteur*. On a d'ailleurs porté, dans des articles particuliers, ce qui peut concerner spécialement les écoles de filles.

3° Quoiqu'on ait fait quelques additions et corrections à cette nouvelle édition, on a eu soin de conserver *à chaque article le même numéro* que dans la précédente, afin que les citations portassent sur les mêmes matières dans les trois éditions.

TABLE DES MATIÈRES.

CHAPITRE IV.

ENCOURAGEMENS ET RÉCOMPENSES ACCORDÉS AUX INSTITUTEURS.

CHAPITRE V.

ENSEIGNEMENT ET DISCIPLINE DES ÉCOLES PRIMAIRES.

CHAPITRE VI.

RÉGLEMENT POUR LES ÉCOLES PRIMAIRES.

GUIDE

DES

ÉCOLES PRIMAIRES.

CONSIDÉRATIONS GÉNÉRALES

SUR L'INSTRUCTION PRIMAIRE.

JAMAIS l'instruction primaire ne reçut plus de développement qu'aujourd'hui, parce que jamais on n'en avait mieux senti la nécessité. Il était réservé à un règne de paix et de justice de voir « qu'un des plus grands « avantages qu'on pût procurer à des sujets, est une « instruction convenable à leur condition ; que cette « instruction, surtout quand elle est fondée sur les véri- « tables principes de la religion et de la morale, est non- « seulement une des sources les plus fécondes de la pros- « périté publique, mais qu'elle contribue au bon ordre « de la société, prépare l'obéissance aux lois et l'accom- « plissement de tous les genres de devoirs. »

(Ordonn. du roi, en date du 29 février 1816.)

Grace à l'éducation qu'ils reçoivent, les habitans des villes et des campagnes pourront, à l'âge où ils sortiront de la tutelle paternelle, relire leurs devoirs dans les saintes Écritures, trouver des délassemens dans de bons livres de morale, et puiser des connaissances utiles dans les ouvrages élémentaires relatifs aux diverses professions qu'ils auront embrassées.

Tel est l'esprit qui a dicté jusqu'à ce jour les actes de l'autorité royale. Le roi a jugé l'instruction primaire digne de sa sollicitude, et, par des ordonnances réglementaires, il l'a assise sur des bases grandes et solides. L'Université a préparé, secondé et hâté l'exécution de ces ordonnances par les mesures les plus actives et les plus heureuses. L'instruction primaire est pour elle l'objet d'une vigilance infatigable, qui sait et réprimer le mal avec force, et favoriser tout ce qu'il y a de bien. Des récompenses honorables et des secours pécuniaires vont chercher l'honnête instituteur partout où il est, dans les hameaux comme dans les grandes villes, et il ne reste que le regret de ne pouvoir toujours récompenser le mérite, et accorder assez de soulagement au malheur.

Que les instituteurs primaires connaissent toute l'importance de leurs fonctions. Ils sont appelés à travailler efficacement au bonheur et à la prospérité de leur patrie. S'ils paraissent éloignés d'atteindre ce but, si ce n'est pas toujours au sortir de leurs mains que la jeunesse parcourt dignement sa carrière, n'y ont-ils pas contribué? Comme des laboureurs vigilans, ils sillonnent, ils préparent une terre vierge où ils jettent la première semence; et si d'autres en soignent la culture, si d'autres en recueillent les fruits, qui peut leur refuser l'honneur d'y avoir coopéré? Qui n'avouera qu'un travail moins heureux de leur part n'eût rendu cette terre moins féconde, et qu'une semence moins pure n'eût produit beaucoup d'ivraie? Qu'ils aient donc la conscience du bien qu'ils sont destinés à faire; ils en rempliront mieux leurs devoirs. Qu'ils se glorifient d'avoir mérité la protection spéciale du monarque, et d'occuper tous les jours une grande et sage administration; et indépendamment des encouragemens qui leur sont promis, ils en trouveront d'autres dans la satisfaction de bien faire et dans l'estime et la reconnaissance de leurs concitoyens.

Ce que nous disons ici, nous l'adressons aux instituteurs de tous les degrés dans les villes et les campagnes. L'instituteur de village et celui de la classe la moins aisée de la société dans nos villes populeuses, paraissent être d'une utilité plus évidente encore, et doivent avoir, comme les autres, ces mêmes motifs de ranimer ou de soutenir leur zèle. Les enfans qu'ils élèvent ne trouveront plus ailleurs d'autres soins qui puissent remplir les lacunes ou rectifier de faux principes d'éducation. Ils apprennent dans leurs écoles tout ce qu'ils sauront un jour, et ils y puisent des règles de conduite pour toute la vie. Combien donc l'instituteur ne doit-il pas s'efforcer de former à la religion et à la morale des écoliers qui, jeunes encore, quittent les écoles pour s'adonner à un métier ou à l'agriculture! Qu'il a bien mérité de son pays et de ses supérieurs, celui qui, en quelques années, grave dans le cœur de ses élèves des principes assez purs et assez solides pour qu'au sortir de ses mains, enfans sages et appliqués à leurs devoirs, ils deviennent un jour, sans autre instruction, bons pères de famille et bons citoyens!

CHAPITRE PREMIER.

§ I.

ORGANISATION GÉNÉRALE DE L'UNIVERSITÉ.

1. L'Université de France, créée par la loi du 10 mai 1806, est chargée exclusivement de l'éducation et de l'instruction publique dans tout le royaume.

(Art. 1er de la loi du 10 mai 1806.)

Elle veille à ce que l'éducation repose toujours sur ses véritables bases, la religion, la dynastie légitime et la monarchie constitutionnelle.

Elle forme un corps unique dans toute la France, et exerce sur tous ses membres une juridiction spéciale.

Le gouvernement général de l'Université est confié à un Grand-Maître [1] et à un Conseil royal de l'instruction publique.

L'Université est divisée en vingt-six académies, dont le ressort est le même que celui des Cours royales.

Les établissemens qui les composent sont :

1° Les facultés de théologie;
2° Les facultés de droit;
3° Les facultés de médecine;
4° Les facultés des sciences;
5° Les facultés des lettres;
6° Les colléges royaux;
7° Les colléges communaux;
8° Les institutions;
9° Les pensions;
10° Les écoles primaires.

Chaque académie est gouvernée par un recteur, assisté de deux inspecteurs.

(1) Présentement les fonctions de Grand-Maître sont exercees par le ministre secrétaire-d'état au département de l'instruction publique.

Il y a près de chaque recteur, et au chef-lieu de l'académie, un conseil académique composé de dix membres.

(Décret du 17 mars 1808.)

Des comités gratuits sont chargés de surveiller et d'encourager l'instruction primaire.

(Art. 1er de l'ordonn. du 29 février 1816, et 2 de l'ordonn. du 21 avril 1828.)

§ II.

DES COMITÉS.

COMITÉS CATHOLIQUES.

Organisation.

2. Il y aura, suivant la population et les besoins des localités, un ou plusieurs comités par arrondissement de sous-préfecture.

(Ordonn. du 16 oct. 1830; art. 2.)

3. Chaque comité sera composé de sept membres au moins et de douze membres au plus.

Seront membres de droit de tous les comités de l'arrondissement, le sous-préfet et le procureur du roi.

Seront membres de droit de chaque comité, le maire de la commune où le comité tiendrait ses séances;

Le juge de paix du canton;

Le curé cantonnal.

Les autres membres du comité seront choisis parmi les notables de l'arrondissement ou du canton par le recteur de l'Académie, de concert avec le préfet du département, sauf l'approbation de notre ministre, grand-maître de l'Université.

(Ibid., art. 3.)

4. L'ordre d'inscription sur le tableau des membres du comité est arrêté ainsi qu'il suit :

Le maire ;

Le juge de paix (le plus ancien) ;

Le curé cantonnal (id.) ;

Les autres membres prennent rang d'après l'ordre d'ancienneté. Ceux qui sont nommés le même jour prennent rang d'après leur âge.

(Art. 3. Ibid., et art. 7 de l'arrêté du 30 juin 1829.)

5. Les membres qui ne font point nécessairement partie des comités seront renouvelés annuellement par tiers ; ils pourront être renommés[1].

(Ibid., art. 4.)

6. Tout membre d'un comité qui, sans avoir justifié d'une excuse valable, n'aura pas assisté à trois séances ordinaires consécutives, sera censé avoir donné sa démission, et il sera remplacé dans les formes prescrites.

(Ibid, art. 4.)

Président.

7. Le maire de la commune où se tiendra le comité sera de droit président de ce comité. En cas d'absence ou d'empêchement, soit du maire, soit de l'adjoint au maire, le comité sera présidé par celui des membres présens qui sera inscrit le premier sur le tableau.

(Ibid, art. 5.)

(1) Après la première organisation, la nomination de tous les notables étant de la même date, c'est par la voie du sort que devra se faire, pour cette fois seulement, la désignation des membres sortans ; mais à l'avenir ce seront les plus anciens de nomination.

(Arrêté du 15 juillet 1828.)

Cependant les membres sortans exerceront leurs fonctions jusqu'à l'installation des nouveaux.

8. Lorsque le sous-préfet et le procureur du roi voudront assister à la séance d'un des comités de leur arrondissement, ils prendront la présidence. En cas de concurrence, la présidence est dévolue au sous-préfet.

(Ibid., art. 5.)

9. Le président correspond, au nom du comité, avec le recteur de l'académie [1]. Il lui rend compte de toutes les décisions du comité et des résultats de sa surveillance.

(Ordonn. du 21 avril 1828, art. 8.)

Secrétaire.

10. Le comité nomme dans son sein un secrétaire qui tient registre des délibérations.

(Ibid., art. 8.)

Les fonctions de secrétaire sont incompatibles avec celles de président; en son absence, il est remplacé par le plus jeune des membres présens.

(Ordonn. du 2 août, art. 5.)

Inspecteurs.

11. Le comité désigne un ou plusieurs inspecteurs gratuits, qu'il charge de surveiller l'instruction primaire et de lui faire connaître les résultats de cette surveillance.

(Ordonn. du 21 avril 1828, art. 7.)

COMITÉS PROTESTANS.

Ces comités rempliront à l'égard des écoles protes-

(1) Une ordonnance royale autorise la franchise, *sous bandes*, entre les recteurs et les présidens des comités, ainsi qu'entre les instituteurs et les recteurs.

Il faut que le fonctionnaire ait soin de mettre les lettres sous bandes (*de la largeur du tiers de la lettre*), et de les contresigner de ses nom et qualité.

tantes les fonctions déterminées pour les comités catholiques.

(Ordonn. du 21 avril 1828, art. 22.)

12. Il sera formé dans l'arrondissement de chaque église consistoriale, par les soins des recteurs, un comité gratuit pour surveiller et encourager l'instruction primaire des individus appartenant aux communions protestantes.

La circonscription de ce comité sera la même que celle de l'église.

Néanmoins, si la population et les besoins des localités le demandent, il pourra être établi dans un même arrondissement consistorial d'autres comités dont la circonscription sera déterminée par le grand-maître.

(Ordonn. du 26 mars, arrêté du 30 juin 1829, art. 1er.)

13. Le nombre des membres de chaque comité ne pourra être au-dessous de six ni au-dessus de douze.

La moitié plus un des membres dûment convoqués suffira pour délibérer.

Seront membres nécessaires du comité consistorial le président du consistoire, un autre pasteur de l'église présenté par le consistoire et le maire de la commune où se tient le comité.

La présentation réservée par le présent article aux consistoires réformés sera faite, en ce qui concerne les comités de la confession d'Augsbourg, par le directoire général de ladite confession, d'après l'avis des consistoires locaux.

Les membres du consistoire général et du directoire de cette confession feront nécessairement partie des comités de leurs arrondissemens respectifs.

Les autres membres seront choisis par le recteur parmi les notables de l'église consistoriale. Leur nomination sera approuvée par le grand-maître.

Le président sera choisi parmi les pasteurs de l'église consistoriale.

Le président du directoire de la confession d'Augsbourg présidera le comité dont il fera partie.

Le secrétaire doit être pris parmi les membres laïques.

(Arrêté du 30 juin 1829, art. 2, 3, 4, 6, 10.)

COMITÉS ISRAÉLITES.

14. Dans les arrondissemens où la population juive est assez considérable pour qu'il y ait des écoles de cette religion, il est également formé un comité israélite, qui a les mêmes attributions que le comité protestant.

(Décision du 18 mai 1816, et instruction du 6 mai 1828.)

Délibérations des comités.

15. Les comités se réunissent au moins une fois par mois, à un jour déterminé, et plus souvent, s'il est nécessaire [1].

(Art. 6, ordonn. du 21 avril 1828.)

16. Ils peuvent tenir leurs séances dans une salle de la maison commune.

(Ibid.)

17. Ils peuvent délibérer au nombre de cinq membres [2].

(Ordonn. du 21 avril 1828, art. 3.)

Les décisions sont prises à la majorité absolue des

(1) Les divers comités protestans d'une même ville pourront, sur la demande du recteur, se réunir pour concerter des mesures uniformes. Ces réunions seront présidées par le plus ancien des présidens.

(Arrêté du 30 juin 1829, art. 29.)

(2) *Voir* art. 13, pour les comités protestans.

membres présens ; en cas de partage, la voix du président est prépondérante.

Dans une séance *extraordinaire*[1], précédemment indiquée au procès-verbal, ou dans une séance indiquée ou prescrite par l'un des fonctionnaires désignés ci-après et notifiée à domicile, il suffit de la présence de *trois* membres pour qu'une délibération soit valable.

(Ordonn. du 2 août 1820, art. 12.)

Les délibérations sont signées par tous les membres présens à la séance.

(Arrêté du 30 juin 1829, art. 2.)

18. A la fin de la séance, le président fixe et inscrit à son procès-verbal l'époque de la séance du mois suivant, ou d'une séance plus rapprochée, s'il le juge nécessaire.

(Ordonn. du 2 août 1820, art. 6.)

19. La séance ainsi indiquée a lieu sans qu'aucune convocation spéciale soit nécessaire.

(Ibid., art. 7.)

20. Le président, ou à son défaut le juge de paix, le curé cantonnal et le membre inscrit après eux, ont le droit de convoquer des séances extraordinaires, lorsqu'une circonstance imprévue les rend nécessaires.

(Ordonn. du 2 août 1820, art. 8 ; du 21 avril 1828, art. 3 ; du 16 octobre 1830.)

21. Ce droit appartient également au sous-préfet, au procureur du roi et aux inspecteurs d'académie en tournée.

(Ordonn. du 2 août 1820, art. 9.)

(1) Une séance est dite *extraordinaire*, quand elle sort de la règle commune, soit par la nature des objets, soit par le jour de convocation, ou à raison de la personne qui convoque. Lorsque le comité est incomplet dans son organisation, ou que la convocation n'est pas faite par le président-né, la séance peut être réputée *extraordinaire*.

(Instruct. du ministre, du 17 septembre 1828.)

22. Le préfet et le recteur peuvent aussi ordonner à un comité de se réunir extraordinairement pour délibérer sur un objet déterminé. L'un et l'autre doivent veiller à ce que les séances ordinaires se tiennent exactement.

(Ordonn. du 2 août 1820, art. 10.)

23. L'évêque[1], le préfet, le recteur et les inspecteurs ont droit d'assister aux séances des comités qu'ils auraient convoqués, mais ils n'y ont pas voix délibérative. Le droit de présence n'est, dans ce cas, qu'un moyen de communication facile et prompte entre les comités et ces fonctionnaires supérieurs, chargés de veiller à la bonne direction de l'enseignement.

(Instruction de S. Exc., du 12 juillet 1828.)

24. Toute séance extraordinaire doit être indiquée par billet à domicile.

(Ibid., art. 11.)

25. La communication des registres des comités ne peut être refusée aux fonctionnaires qui ont le droit de les convoquer.

(Ibid., art. 15.)

Frais d'administration des comités.

26. Les frais d'administration de chaque comité seront supportés par les communes de leur arrondissement, et répartis proportionnellement à leurs revenus.

27. S'il se trouvait des communes assez pauvres pour que cette charge leur fût onéreuse, le montant de leur contingent pourrait être imputé sur les fonds destinés à subvenir aux dépenses départementales[2].

(Instruction du ministre de l'intérieur, du 27 septembre 1820.)

(1) Le président du directoire de la confession d'Augsbourg, pour les comités protestans.

(Arrêté du 30 juin 1829, art. 16.)

(2) Des réglemens survenus dans la comptabilité des communes ont fait retomber

Attributions du comité.

28. Le comité est institué pour surveiller et encourager l'instruction primaire.

(Ordon. du 21 avril 1828, art. 2; et art. 1er ordonn. du 29 février 1816.)

29. Il veille au maintien de l'ordre, des mœurs et de l'enseignement religieux, à l'observation des réglemens et à la réforme des abus, dans toutes les écoles de son arrondissement. Il sollicite, près du préfet, du recteur et de toute autre autorité compétente, les mesures convenables, soit pour l'entretien des écoles, soit pour l'ordre et la discipline.

Il est spécialement chargé d'employer tous ses soins pour faire établir des écoles dans les lieux où il n'y en a point.

(Ordonn. du 29 février 1816, art. 7.)

30. Toute demande afin d'obtenir l'autorisation spéciale d'exercer les fonctions d'instituteur primaire dans une commune, est soumise au comité dans la circonscription duquel se trouve cette commune.

(Ordonn. du 21 avril 1828, art. 11; ordonn. du 29 février 1816, art. 24.)

31. Le comité donne son avis au recteur, lorsqu'il s'agit d'établir un pensionnat dans une école primaire, ou d'autoriser les instituteurs à recevoir des élèves de différentes religions.

(Ibid., art. 12, 13 et 14.)

32. Le comité informe sur toutes les plaintes portées contre les instituteurs; il donne son avis au recteur.

(*Voy.* chap. III, *Juridiction*, art. 120.)

ces dépenses sur les fonds de l'Université; elles ne doivent point excéder la somme nécessaire pour l'acquisition des deux ou trois registres indispensables qui sont : le registre des délibérations du comité et un registre du personnel pour les instituteurs et pour les institutrices.

(Circ. du 26 mai 1829.)

33. Le comité peut prononcer l'admonition ou la censure sur la conduite d'un instituteur.

(*Voy.* chap. III, *Juridiction*, art. 120.)

34. Le comité peut mander devant lui un instituteur inculpé de fautes graves. Il dresse procès-verbal de sa réponse ou de sa non-comparution, et donne un avis motivé qui est adressé au recteur.

(Art. 16 de l'ordonn. du 21 avril 1828. *Voy.* chap. III, *Juridiction*, art. 120.)

35. Le comité peut provoquer d'office la révocation d'un intituteur primaire de la part du recteur.

(Ordonn. du 29 février 1816, art. 26.)

36. S'il y a urgence et dans le cas de scandale, le comité peut provisoirement ordonner la suspension, et pourvoir provisoirement au remplacement de l'instituteur inculpé.

(Ordonn. du 29 février 1816, art. 27, et ordonn. du 21 avril 1828, art. 16.)

37. En général, les délibérations du comité ne peuvent recevoir d'exécution qu'après l'approbation de l'Autorité universitaire. Ces délibérations ne sont point des décisions, mais seulement des avis.

(Circulaire du 27 septembre 1820.)

38. Les comités rendent compte des progrès de l'instruction primaire au recteur et aux inspecteurs d'académie en tournée.

(Ordonn. du 29 février 1816, art. 29.)

39. Chaque année, au mois de mai, le comité fait connaître au recteur, par un compte ou tableau particulier, la situation de l'instruction primaire dans chacune des communes comprises dans la circonscription du comité.

(Art. 8, ordonn. du 21 avril 1828.)

Ce tableau est un relevé des états que les instituteurs sont invités à transmettre au comité qui y joint des notes particulières. Il est aussi un extrait du registre du personnel tenu par chaque comité et dont nous donnons ici le modèle.

40. Registre du personnel des instituteurs et des institutrices.

UNIVERSITÉ DE FRANCE.

ACADÉMIE DE

Comité de

REGISTRE [1]

DU PERSONNEL DES INSTITUTEURS ET INSTITUTRICES PRIMAIRES.

INSTRUCTIONS.

Pour tenir ce registre de la manière la plus avantageuse, et pour prévenir l'inconvénient d'être obligé de le refaire ou de transcrire annuellement les renseignemens déjà obtenus, ce qui entraînerait nécessairement de la négligence dans un travail aussi long, il faudra avoir soin de se conformer aux dispositions suivantes :

1° Consacrer *une* page du registre à chaque commune, et *deux* pages aux communes du chef-lieu d'arrondissement ou de département, et même *trois*, s'il y a beaucoup d'instituteurs, afin que les mutations qui surviendront en dix ans, puissent être comprises dans ces pages.

2° Inscrire les communes d'un même canton par

(1) Tous les tableaux dont les modèles sont donnés dans cet ouvrage se trouvent imprimés dans les formats convenables, à la librairie de L. Hachette.

ordre alphabétique, et disposer les cantons eux-mêmes dans cet ordre.

3° Placer les *instituteurs* dans la *première* partie de la page, et les *institutrices* dans la *seconde*, de manière que l'on voie d'un coup d'œil l'état de toute l'instruction primaire de la commune.

4° Au fur et à mesure qu'il survient un changement dans chaque commune, ou qu'il est délivré une autorisation nouvelle, ce dont le comité sera informé, avoir soin de noter ce changement dans la page de la commune. On ajoutera les renseignemens nouvellement reçus à la suite de ceux qui auraient été inscrits l'année précédente.

5° Former à la fin du registre une table *alphabétique* des instituteurs et institutrices, pour retrouver facilement la commune où ils sont placés. Il faut avoir l'attention, en faisant cette table, de laisser un certain nombre de lignes vides après chaque lettre pour y porter les nouveaux instituteurs.

En suivant ces dispositions, le travail une fois fait servira pour l'avenir : il s'améliorera, se complétera sans peine. Ce registre peut ainsi servir dix années au moins, et présenter la situation de l'instruction primaire dans chaque commune, à une époque quelconque.

Il sera par conséquent très facile d'en faire un extrait pour former le tableau de l'instruction primaire de chaque commune, qui doit être adressé au recteur tous les ans, au mois de mai, en vertu de l'art. 8 de l'ordonnance du 21 avril 1828.

DÉPARTEMENT d
ARRONDISSEMENT d

Commune d

Population totale de la Commune.	Nombre de naissances annuelles.	QUELLE RELIGION y est professée.	NOMBRE moyen DES ÉLÈVES. en hiver.	en été.	Nombre d'années que la plupart des enfans passent à l'école.	Degré des écoles.	Méthode d'enseignement.	NOMS des INSTITUTEURS.	Date de naissance.	Célibataire ou marié. (Comb. d'enfans.)	DATES. du brevet.	de l'autorisation.	En quoi consiste le logement ou l'indemnité de logement.
								INSTITUTRICES					

Canton d

TRAITEMENT		Rétribution payée par mois, par élève (terme moyen.)	Nombre des élèves gratuits.	INSTITUTEURS			VILLES	OBSERVATIONS.
fixe de l'instituteur.	comme chantre, sec. de la mair. etc.			dispensés du serv. milit., en vertu de l'art. 15 de la loi du 10 mars 1818.	qui ont obtenu des médailles d'argent ou de bronze.	autorisés à recevoir des pensionnaires pour l'instruction primaire.	où sont établis des instituts de frères, sœurs ou d'autres associations charitables, ou des classes normales primaires.	Quels sont les besoins et les ressources de la commune, sous le rapport de l'instruction? En quoi consiste le local de l'école, et en quel état il est? Notes sur la tenue de l'école et la conduite de l'instituteur. Depuis quand exerce-t-il ses fonctions? Dans quelle commune a été placé l'ancien instituteur? etc., etc.

NOMS des INSTITUTEURS (par ordre alphabétique).	NUMÉROS DES PAGES DES COMMUNES OÙ ILS ONT EXERCÉ SUCCESSIVEMENT depuis leur inscription au présent registre.									OBSERVATIONS. — Démissionnaires. Décédés, etc., etc.

§ III.

SURVEILLANCE DES ÉCOLES DE GARÇONS,

Tenues par des instituteurs laïques ou par des Frères.

Surveillance de la part de l'Université.

41. L'ordonnance royale du 29 février 1816 charge expressément l'Université de veiller à ce que, dans toutes les écoles, l'enseignement soit fondé sur la religion, le respect pour les lois, et l'amour dû au souverain. Elle charge aussi l'Université de faire les réglemens généraux sur l'instruction primaire, d'indiquer les méthodes à suivre dans cette instruction, de faire composer ou imprimer des ouvrages proportionnés à ce degré d'enseignement, et de prescrire aux maîtres ceux dont ils doivent faire usage.

(Art. 30 et 35 de l'ordonn. du 29 février 1816.)

La surveillance générale des écoles est exercée par l'académie.

Dans le cours de leurs tournées, le recteur et les inspecteurs donnent la plus grande attention à l'instruction primaire. Ils visitent les écoles autant qu'il leur est possible.

(Ordonn. du 29 février 1816, art. 29.)

Surveillance de la part des comités.

42. Les comités exercent continuellement une surveillance spéciale sur toutes les écoles primaires.

(Ordonn. du 21 avril 1816, art. 2; Ordonn. du 29 février 1816, art. 1er.)

Inspecteurs.

43. Ils les visitent le plus souvent possible, soit par eux-mêmes, soit par les inspecteurs qu'ils nomment à cet effet, et qui leur font connaître le résultat de cette surveillance.

(Art. 7, ordonn. du 21 avril 1828.)

Surveillans spéciaux.

44. Outre cette surveillance générale, chaque école a pour surveillans spéciaux, le curé ou desservant de la paroisse et le maire de la commune où elle est située.

45. Le comité peut adjoindre au curé et au maire, comme surveillant spécial, l'un des notables de la commune, choisi de préférence parmi les bienfaiteurs de l'école.

(Art. 3 de l'ordonn. du 29 février 1816.)

46. Dans les communes où les enfans de différentes religions ont des écoles séparées, le pasteur protestant sera surveillant spécial des écoles de son culte. Il pourra lui être adjoint un ou plusieurs notables de sa communion.

(Ibid., et arrêté du 30 juin 1829, art. 25.)

47. Les surveillans spéciaux visitent, au moins une fois par mois, l'école qui est sous leur inspection, font faire les exercices sous leurs yeux, et en rendent compte au comité.

(Art. 9, ordonn. du 29 février 1816.)

48. Lors de la visite des inspecteurs ou des surveillans spéciaux, l'instituteur leur présentera un registre dont tous les feuillets auront été cotés et paraphés par l'un d'eux.

Le principal objet de ce registre est de contenir à leurs dates les observations, les notes d'encouragement, les témoignages de satisfaction, ou les admonitions que le comité aura jugé à propos d'adresser par écrit à l'instituteur, en les lui transmettant par la voie des inspecteurs ; ainsi que les avis, lettres, injonctions qui arriveront directement au maître de la part du recteur ou des inspecteurs de l'académie.

Sur ce registre seront aussi inscrites toutes les lettres que le maître écrira au sujet de son école.

Les inspecteurs, après leur visite, inscriront sur ce registre, s'ils le jugent convenable, une note pour exprimer leur satisfaction ou leur mécontentement. Dans ce dernier cas surtout, ils doivent préciser leurs motifs.

(Toutes les pages de ce registre doivent être conformes au modèle suivant, sur lequel on a porté quelques exemples de la manière dont l'inscription doit être faite.)

Nos. D'ORDRE.	DATES.	LETTRES, AVIS, NOTES, ADMONITIONS, ETC.	
1	15 nov. 1822.	Lettre de M. le recteur.	— M., j'ai appris que, etc.
2	22 nov. 1822.	Réponse à M. le recteur.	— J'ai l'honneur de répondre à votre lettre du. . . . .
3	24 janv. 1823.	Avis du comité.	— Le comité vous prévient, etc.
4	6 mai.	Visite de l'inspecteur de l'académie.	— L'inspecteur de l'académie, satisfait de, etc.
5	20 septembre.	Notes des inspecteurs des comités.	— Après avoir visité l'école du sieur , nous déclarons, etc.
6	1 mars.	Admonitions.	— Le comité, instruit de, etc.
7	15 novembre.	Récompenses.	— Monsieur, le conseil académique, etc.

Surveillance de la part des évêques sur les écoles catholiques.

49. Toutes les écoles primaires catholiques sont soumises, sous le rapport religieux, à l'inspection des archevêques et évêques.

Ils peuvent, toutes les fois qu'ils le jugent convenable, visiter ou faire visiter les écoles catholiques de leur diocèse.

(Art. 29 de l'ordonn. du 21 avril 1828.)

50. Dans le cours de leurs tournées, ils pourront prendre connaissance de l'état de l'enseignement religieux dans les écoles du culte catholique.

(Ordonn. du 29 février 1816, art. 40.)

Surveillance de la part des consistoires sur les écoles protestantes.

51. Les consistoires et les pasteurs exercent la même surveillance sur les écoles de leur culte.

(Ordonnance du 29 février 1816, art. 40.)

Surveillance de la part des préfets sur toutes les écoles.

52. Les préfets, sous-préfets et maires conserveront, dans tous les cas, l'autorité et la surveillance administrative qui leur sont attribuées, sur les écoles primaires, par les lois et réglemens en vigueur.

(Ibid., art. 41.)

§ IV.

SURVEILLANCE DES ÉCOLES DE FILLES [1],

Tenues par des institutrices laïques ou par des Sœurs.

Écoles ordinaires de filles.

(*Nota.* Les articles qui précèdent s'appliquent aux écoles de filles, sauf les modifications qui suivent.)

53. L'inspection des écoles de filles sera confiée à des personnes du sexe, choisies au nombre de deux ou trois, parmi les mères de familles les plus recommandables par leur rang, par leur caractère, et surtout par la pureté de leurs mœurs et de leurs principes religieux.

Ces personnes auront le titre de dames inspectrices.

(Circulaire du ministre, des 13 juin 1819, et 13 juin 1828.)

Écoles tenues par des congrégations religieuses.

54. Les écoles tenues par des congrégations religieuses sont remises sous la juridiction où les avait placées l'ordonnance du 3 avril 1820. En conséquence, les comités n'ont point à s'en occuper.

(Décision royale.—Lettre de S. Ex. du 9 février 1830.)

(1) Les écoles supérieures de filles, désignées sous les noms de *pensions* ou *institutions* de demoiselles, ne sont pas sous la juridiction de l'Université. Elles demeurent placées sous la surveillance des autorités administratives, comme les y ont établies l'ordonnance du 31 octobre 1821 et les instructions ministérielles des 19 juin, 4 novembre 1820. (Circ. du 13 juin 1828.)

CHAPITRE II.

§ I.

DES DIVERSES ESPÈCES D'ÉCOLES, DES BREVETS DE CAPACITÉ, ET DE L'AUTORISATION SPÉCIALE D'OUVRIR UNE ÉCOLE.

Diverses espèces d'écoles.

55. Les écoles primaires forment le premier degré d'instruction : elles sont du *premier*, du *deuxième* ou du *troisième* degré, selon le brevet de capacité accordé à l'instituteur.

56. Ces écoles sont tenues par des instituteurs laïques; elles peuvent l'être aussi par un ou plusieurs membres des diverses sociétés religieuses ou charitables légalement autorisées.

(Art. 10, 36, de l'ord. du 29 février 1816, et art. 10 de l'ord. du 21 avril 1828.)

57. Elles sont dites écoles d'*enseignement individuel*, d'enseignement *simultané*, d'enseignement *mutuel*, selon la méthode suivie par les instituteurs.

Les écoles sont *publiques* ou *communales*, ou elles appartiennent à des particuliers.

Elles sont *gratuites*, ou dites *payantes*.

Celles qui sont dirigées par des membres des sociétés religieuses se nomment écoles des *Frères*.

Toutes ces écoles sont placées sous la juridiction de l'Université. (Art. 1er et 21 de l'ordonn. du 21 avril 1828.)

58. Pour exercer les fonctions d'instituteur dans une école quelconque, il faut avoir obtenu : 1° un *brevet de capacité*; 2° une *autorisation spéciale*.

(Art. 10, 13 de l'ord. du 29 février 1816 et 1er de l'ord. du 21 avril 1828.)

Brevet de capacité.

59. Toute personne qui désire se vouer aux fonctions d'instituteur primaire, doit présenter au recteur de son académie ou à l'examinateur délégué, 1° un certificat de bonne conduite délivré par le curé, 2° un certificat

de bonne conduite des maires de la commune ou des communes où il a habité depuis trois ans au moins ; 3° un certificat d'instruction religieuse délivré par le délégué de l'évêque ou par le curé de la paroisse de l'aspirant [1].

Les candidats sont ensuite examinés par un inspecteur de l'académie, ou par tel autre fonctionnaire de l'instruction publique que le recteur délègue, sur les matières des différens brevets de capacité.

(Art. 10, ordonn. du 29 février 1816, et art. 9, ordonn. du 21 avril 1828.)

60. Les brevets de capacité sont de trois degrés.

(Art. 11 de l'ordonn. du 29 février 1816.)

Brevet du troisième degré.

61. Les brevets du troisième degré sont accordés à ceux qui savent suffisamment lire, écrire et chiffrer pour en donner des leçons. (Ibid.)

Les candidats doivent satisfaire aux questions du programme suivant.

MATIÈRES DE L'EXAMEN DU TROISIÈME DEGRÉ.

RELIGION.	Hist. Sainte.	Anc. Testam.
		Nouv. Testam.
	Catéchisme du diocèse.	
LECTURE.	Imprimés.	Français.
		Latins.
	Manuscrits français.	
PROCÉDÉS pour enseigner à lire.		
ÉCRITURE.	Cursive.	Lett. majeures
		id. ordinaires.
	Bâtarde.	*id.* majuscules.
		id. ordinaires.

CALCUL.	Pratique sur les mesures anciennes et nouvelles.	Addition.
		Soustraction.
		Multiplication
		Division.
		Calcul décim.
MÉTHODE d'enseign.	Simultané.	
	Mutuel.	
CONNAISSANCES non exig.	Plain-chant.	
	Arts et métiers.	

62. Ce brevet du troisième degré ne sera point délivré

(1) CERTIFICAT D'INSTRUCTION RELIGIEUSE.

Je soussigné (*délégué de l'évêque ou curé de la paroisse*), canton d
département d , certifie que le sieur (*nom et prénoms*) possède l'instruction religieuse suffisante pour exercer les fonctions d'instituteur primaire.

A le 183

Les pasteurs protestans et les rabbins délivrent de semblables certificats aux instituteurs de leur religion.

N. B. Celui qui a une fois obtenu ce certificat, n'a pas besoin de le faire renouveler, ni pour avoir une autorisation spéciale, ni pour obtenir un brevet d'un degré supérieur. (Décision du 30 décembre 1828.)

aux candidats qui n'ont point satisfait à la loi du recrutement : les candidats au-dessous de vingt et un ans doivent être en état d'obtenir immédiatement le brevet de 2e degré. (Circulaire du 15 janvier 1819.)

Le bien de l'instruction primaire prescrit de n'accorder que très rarement le brevet du troisième degré ; et chaque Recteur fixera l'époque après laquelle il n'en sera plus accordé dans son académie. (Circ. *id.* et du 31 janv. 1829.)

Brevet du deuxième degré.

63. Le brevet de deuxième degré est accordé à ceux qui possèdent bien l'orthographe, la calligraphie (belle écriture) et le calcul, et qui sont en état de donner un enseignement analogue à celui des Frères des écoles chrétiennes [1].

Le candidat est interrogé sur le programme suivant.

(Art. *id.*)

MATIÈRES DE L'EXAMEN DU DEUXIÈME DEGRÉ.

Matière	Subdivision	Détail
RELIGION.	Hist. Sainte.	Anc. Testam.
		Nouv. Testam.
	Catéchisme du diocèse.	
LECTURE.	Imprimés.	Français.
		Latins.
	Manuscrits français.	
PROCÉDÉS pour enseigner à lire.		
ECRITURE.	Bâtarde.	
	Coulée.	
	Cursive.	
	Ronde.	
	Anglaise.	
ORTHOGRAPHE.		
ANALYSE GRAMMATICALE.		
CALCUL.	Théorie.	Addition.
	Mesures anciennes et nouvelles.	Soustraction.
	Pratique.	Multiplication
		Division.
		Règle de 3 et de société.
CALCUL DÉCIMAL.		
MÉTHODE d'enseign.	Simultané.	
	Mutuel.	
CONNAISSANCES non exig.	Plain-chant.	
	Arts et métiers.	
	Dessin linéaire.	

(Instruction du 14 juin 1816.)

Brevet du premier degré.

64. Le brevet du premier degré, ou du degré supérieur, est accordé à ceux qui possèdent par principes la grammaire française et l'arithmétique, et sont en état de donner des notions de géographie, d'arpentage et des autres connaissances utiles dans l'enseignement pri-

(1) Ainsi, dès à présent, le brevet du deuxième degré ne doit être délivré qu'à ceux qui possèdent au moins la méthode d'enseignement simultané.

maire. Le candidat doit posséder les connaissances du programme suivant. (Art. *idem.*)

MATIÈRES DE L'EXAMEN DU PREMIER DEGRÉ.

Matières		
Religion.	Hist. sainte.	Anc. Testam.
		Nouv. Testam.
	Catéchisme du diocèse	
Lecture.	Imprimés.	Français.
		Latins.
	Manuscrits français.	
Écriture.	Bâtarde.	
	Coulée.	
	Cursive.	
	Ronde.	
	Anglaise.	
Orthogr.	Théorie.	
	Pratique.	
Grammair.	Exposition des principes.	
	Analyse des phrases dictées.	
Arithmét. Mesures anciennes et nouvelles.	Théorie et Pratique.	Les 4 règles.
		Les fractions. { décim. ordin.
		La règle de 3.
		La règle de société, etc.
Arpentag.	Instrumens et méthodes.	
	Connaissance des fig. qui servent à mesurer les surfaces.	
	Règle du toisé.	
	Opérations pour rapporter les mesures sur le papier et pour dessiner les plans.	

Matières	
Géograph.	Termes de géographie.
	Grandes divisions du globe.
	Principales chaînes de mont.
	Principaux fleuves.
	Peuples célèbres.
	Productions naturelles des principaux pays, leur industrie, leur commerce.
France.	Limites.
	Divis. administratives, judiciaires et ecclésiastiques.
	Situat. respectives des dép., fleuves et rivières qui les arrosent.
	Montagnes.
	Genres de culture.
	Genres d'industrie.
	Événemens remarquables de l'Histoire de France.
Méthode d'enseign.	Simultané.
	Mutuel.
Connaissances non exig.	Plain-chant.
	Arts et métiers.
	Dessin linéaire.
	Notions de la sphère.
	Perspective.

(Instruction du 14 juin 1816.)

65. Les procès-verbaux de ces examens sont adressés au recteur qui délivre, s'il le juge convenable, un brevet de capacité. (Art. 10, ordonn. du 29 février 1816.)

Le procès-verbal de l'examen du premier degré sera adressé au conseil royal de l'instruction publique ; et sur son approbation, le recteur délivrera un brevet de capacité. (Instruction du 14 juin 1816, et circulaire du 14 novembre 1820.

66. Un instituteur qui a le brevet de capacité du 3e degré ou du 2e, peut se présenter à un nouvel examen pour obtenir le degré supérieur.

67. Chaque recteur fixera, pour son académie, une époque passé laquelle il ne sera plus délivré de brevets du premier degré qu'à ceux qui, outre l'instruction requise, posséderont les meilleures méthodes d'enseignement primaire. (Ordonn. du 29 février 1816, art. 12.)

BREVET DE CAPACITÉ POUR L'ENSEIGNEMENT PRIMAIRE.

Premier, second ou troisième degré.

Nous,

Recteur de l'Académie

Vu les certificats de bonnes vie et mœurs produits par le sieur

Vu le certificat d'instruction religieuse à lui délivré le par M.

Sur le rapport qui nous a été fait par M. chargé de l'examen des personnes qui se destinent à l'enseignement primaire, portant que ledit sieur né à département d le a été examiné sur (*ici sont désignées les matières de l'examen exigées pour le degré du brevet*), ainsi que sur les procédés de leur enseignement, et qu'il a fait preuve de la capacité requise pour exercer les fonctions d'instituteur primaire du degré;

Lui avons accordé le présent brevet pour pouvoir être appelé auxdites fonctions, aux termes des articles 10 de l'Ordonnance du Roi du 29 février 1816 et 9 de l'Ordonnance du 21 avril 1828.

Délivré à le

Signature de l'impétrant,

Recteur de l'Académie.

Par M. le Recteur,

Le secrétaire de l'Académie,

Autorisation spéciale.

68. Pour avoir le droit d'exercer, il faut, outre le brevet de capacité, une autorisation spéciale du recteur pour un lieu déterminé.

(Art. 13 de l'ord. du 29 février 1816, et art. 11 de l'ord. du 21 avril 1828.)

69. Lorsqu'un individu muni d'un brevet de capacité voudra obtenir l'autorisation spéciale d'exercer les fonctions d'instituteur primaire dans une commune, il adressera sa demande au comité dans la circonscription duquel se trouve cette commune.

Le comité recueillera des renseignemens sur la conduite religieuse et morale de l'aspirant, depuis l'époque où il aura obtenu le brevet de capacité.

Il donnera son avis motivé et le transmettra au recteur qui accordera ou refusera l'autorisation.

(Ordonn. du 21 avril 1828, art. 11; ordonn. du 29 fév. 1816, art. 24.)

MODÈLE DE LA DEMANDE.

Académie de Comité de

Demande de l'autorisation d'exercer les fonctions d'instituteur primaire dans la commune de , canton de , arrondissement de , département de .

Je soussigné (*nom et prénoms*), muni d'un brevet de capacité du degré, délivré le par le recteur de l'académie de (*s'il est déjà instituteur, indiquer la commune*), demande l'autorisation d'exercer dans la commune de

Sont joints à l'appui de cette demande,

1. Le brevet de capacité du degré.
2. Les certificats (*indiquer les pièces à l'appui et celles des art. 85 et 86*).
3. Le tableau ci-après :

Population de la commune.	Traitement alloué par la commune.	Rétribution annuelle de l'école.	Comme chantre, secrétaire de la mairie, etc.	Total.	Degré de l'école.	Observations. Qu'est devenu l'ancien instituteur?
......	......	......	......	......	......	....

Fait à (1)

AVIS DU COMITÉ.

Vu la demande ci-dessus;

Vu les pièces à l'appui, savoir : (*relater ces pièces*);

Considérant que la place d'instituteur de la commune de est vacante par (*indiquer si c'est démission, révocation, décès ou mutation*), etc., etc.,

Le comité est d'avis que l'autorisation d'exercer dans ladite commune soit (*accordée ou refusée*) au sieur

Fait à le

Le Secrétaire, Le Président,

70. S'il s'agit d'une nouvelle école, le comité examine si cette commune n'est point déja suffisamment pourvue d'instituteur[2]? —Il adresse au recteur le tableau suivant.

(Art. 24, ordonn. du 29 février 1816; arrêté du 23 septembre 1820.)

(1) Le pétitionnaire aura soin de laisser au bas assez de papier blanc pour que le comité puisse y établir la délibération ci-après.

(2) La disposition qui prescrit cet examen préalable ne s'applique point au cas où la nouvelle école qu'il s'agit d'établir serait gratuite. Dans tout autre cas, le nombre des écoles à établir doit être proportionné au nombre des habitans, afin de ne pas diminuer les ressources pécuniaires de chaque école, et de ne pas nuire ainsi à l'enseignement.

DEMANDE D'AUTORISATION D'UNE NOUVELLE ÉCOLE.

Canton de , *commune de* ; *instruction primaire.*

Degré de l'école demandée ou proposée, et indication de la méthode qui doit y être suivie.	Population de la commune.	Écoles déjà existantes dans la commune.		AVIS du comité sur l'utilité d'une nouvelle école.	OBSERVATIONS.
		Nature de ces écoles et comment elles sont tenues.	Nombre de leurs élèves.		
....	.....	....	...	....	....

AUTORISATION POUR L'ENSEIGNEMENT PRIMAIRE.

Nous,

Recteur de l'Académie

Sur la demande présentée par le sieur né à

département d le

A l'effet d'être admis à exercer les fonctions d'instituteur primaire dans la commune d département d

Vu le brevet de capacité du degré délivré par

audit sieur sous la date du

Vu l'avis motivé du comité de surveillance de l'instruction primaire séant à en faveur de la demande dont il s'agit;

Vu aussi les certificats constatant que ledit sieur

a tenu une bonne conduite depuis l'époque où il a obtenu son brevet de capacité,

Lui avons accordé l'autorisation d'exercer les fonctions d'instituteur primaire dans la commune d canton d

Délivré à le 18

Signature de l'impétrant :

Recteur de l'Académie.

Par M. le Recteur :

Le Secrétaire de l'Académie,

NOTA. S'il s'agit d'une ville, le quartier, la rue et le numéro de la maison doivent être désignés.

Récépissé du brevet et de l'autorisation.

71. Le brevet de capacité et l'autorisation spéciale pour enseigner publiquement et pour tenir une école quelconque ne pourront être remis à l'impétrant, qu'après qu'il aura apposé sa signature tant sur l'acte même que sur un récépissé de la forme ci-après.

(Arrêté du 15 septembre 1821.)

RÉCÉPISSÉ.

« Je soussigné (*nom et prénoms de l'instituteur*), né à
« département de , reconnais que M. (*qualité du fonctionnaire qui*
« *remet le brevet ou l'autorisation*) m'a remis à l'instant le (*désignation de l'acte*),
« délivré à , le , par M. le recteur de
« l'Académie de , et sur lequel j'ai apposé ma signature. »

72. Tout brevet ou autorisation délivré postérieurement au 15 septembre 1821, qui ne porterait pas la signature de l'impétrant, sera considéré comme non avenu et ne conférerait aucun droit dans l'Université.

(Arrêté du 15 septembre 1821.)

73. L'instituteur aura soin de faire enregistrer son autorisation définitive ou provisoire au secrétariat de la mairie. Il laissera son autorisation en dépôt à la mairie et l'échangera contre un récépissé qui lui sera délivré au nom du maire.

(Circulaire du 30 novembre 1812 et du 17 octobre 1828.)

Élèves externes.

74. L'autorisation accordée à un instituteur primaire de tenir école, ne lui donne que le droit de recevoir des élèves externes.

(Art. 1er de l'arrêté du 5 décembre 1820 et circul. du 29 septembre 1828.)

Élèves pensionnaires.

75 Tout instituteur primaire qui désire obtenir la faculté d'avoir des pensionnaires, doit, à peine d'être poursuivi comme chef d'une école non autorisée, obtenir à cet effet une autorisation spéciale du conseil royal de l'instruction publique.

Cette autorisation ne sera accordée qu'à des instituteurs pourvus au moins du brevet du deuxième degré [1],

(Art. 12 de l'ordonn. du 21 avril 1828; circul. du 31 janvier 1829.)

(1) En général, la permission d'avoir des pensionnaires ne sera accordée que dans les lieux où il n'y a ni collége, ni pension. Le conseil royal n'admet d'exception à cette règle qu'en faveur des instituteurs qui, sans excéder les limites du premier degré, ont une direction qui soit propre à préparer les élèves à l'exercice des professions commerciales ou industrielles. (Circ. du 31 janv. 1829.)

et possédant par conséquent l'une des deux méthodes, simultanée ou mutuelle.

76. La demande de recevoir des pensionnaires sera adressée au recteur, elle devra être appuyée, 1° de certificats constatant les besoins de l'instruction et de l'éducation de la commune où cet instituteur veut former son établissement; 2° d'un plan du local destiné au pensionnat, afin de justifier qu'il est convenable sous le rapport du dortoir dont il indiquera le nombre de lits, du réfectoire, des salles d'études, des lieux de récréation, et généralement pour tout ce qui intéresse la santé et les bonnes mœurs; 3° une copie certifiée du bail moyennant lequel il jouit de ladite maison, s'il n'en est pas propriétaire; 4° quel est le nombre des écoles et des élèves dans la commune; 5° quelle méthode d'enseignement connaît l'instituteur.

Ces pièces sont transmises au comité qui les examine. Il donne son avis au recteur, avec des renseignemens sur la famille et la situation personnelle de l'instituteur, et sur sa capacité pour tenir un pensionnat.

(Art. 12 et 14 de l'ordonn. du 21 avril 1828; arrêté du 5 déc. 1820, art. 4; circulaire du 29 septembre 1828 et décembre 1829.)

77. L'autorisation d'avoir un pensionnat ne dispense pas l'instituteur de se renfermer strictement dans les limites d'enseignement que lui assigne son brevet.

(Arrêté ibid., art. 6.)

78. L'instituteur primaire autorisé à tenir un pensionnat, doit avoir un registre coté et paraphé par un des inspecteurs ou des surveillans spéciaux. Il y inscrit en double colonne, d'un côté les élèves externes, et de l'autre les élèves pensionnaires, en indiquant leurs noms, prénoms, l'époque de leur entrée et celle de leur sortie.

REGISTRE DES ÉLÈVES EXTERNES ET PENSIONNAIRES.

DATE de l'entrée	NOMS et prénoms de l'élève.	Age.	PROFESSION et demeure des parens.	CLASSE dans laquelle l'élève a été admis.			CLASSE* dans laquelle il passe successivement.												NOTE sur la conduite pendant le			
							Lecture.				Écriture.				Calcul.							
				Lect.	Écrit.	Calcul.	1er tr.	2e tr.	3e tr.	4e tr.	1er tr.	2e r.	3e tr.	4e tr.	1er tr.	2e tr.	3e tr.	4e tr.	1er trimest.	2e trimest.	3e trimest.	4e trimest.

* On indiquera dans la même forme les autres matières dont on s'occupera dans les écoles.

Élèves de différentes religions.

79. Les instituteurs primaires ne pourront recevoir des élèves de différentes religions, sans en avoir obtenu la permission du conseil royal de l'instruction publique, qui statuera, après avoir consulté le recteur de l'académie, et prescrira en même temps les mesures convenables.

(Art. 13 de l'ordonn. du 21 avril 1828.)

Toute demande de ce genre sera adressée par l'instituteur au comité qui la transmettra au recteur avec les renseignemens portés dans le tableau ci-joint.

ACADÉMIE DE COMITÉ DE

Demande de l'autorisation de recevoir des enfans de diverses religions dans l'école du sieur , commune de , canton de , arrondissement de , département de .

POPULATION de la commune.	POPULATION des diverses religions.	NOMBRE des écoles.	NOMBRE des élèves des diverses religions dans chacune d'elles.	AVIS DU MAIRE, du curé ou du pasteur.	OBSERVATIONS.
. . . . .	. . . . .	. . . . .	. . . . .	. . . . . .	. . . .

Signé l'Instituteur.

Vu la demande ci-dessus, etc.

Considérant....

Le comité est d'avis (*d'accueillir ou de rejeter*) ladite demande.

Arrêté par le comité, à , le ,

Le président,

Le secrétaire,

80. Ces formalités s'appliquent aux écoles véritablement mixtes, c'est-à-dire destinées à recevoir habituellement des enfans de diverses religions; mais pour les

écoles qui ne sont ordinairement composées que d'élèves d'une seule religion, et dans lesquelles il se trouverait pourtant, d'une manière accidentelle et momentanée, quelques enfans d'une autre religion, le comité pourra provisoirement autoriser les instituteurs à les recevoir, seulement il devra en référer au recteur, qui en rendra compte au ministre.

(Instruction du 6 mai 1828.)

81. Dans ce cas l'instituteur n'enseignera que la religion qu'il professe, et à laquelle appartiennent le plus grand nombre de ses élèves. Des précautions seront prises pour que les autres élèves reçoivent hors de l'école l'instruction religieuse.

(Ibid. du 12 juillet 1828.)

82. Lorsque l'école sera réellement mixte, elle sera soumise à des règles et à des précautions propres à garantir la liberté des cultes.

(Ibid. du 6 mai 1828.)

Séparation des garçons et des filles.

83. Les garçons et les filles ne pourront jamais être réunis pour recevoir l'enseignement.

(Ordonn. du 29 février 1816, art. 32.)

84. Dans les communes où les ressources ne permettent pas absolument d'avoir une institutrice, on pourra fixer deux séances dans ces écoles, une le matin pour les garçons, et l'autre le soir pour les filles [1].

(Instruction du ministre de l'intérieur, du 20 mai 1828.)

(1) On peut employer plusieurs moyens pour prévenir les inconvéniens de la réunion des deux sexes, lorsqu'un seul instituteur doit être chargé de leur instruction. Il faut recevoir séparément, à une demi-heure d'intervalle, les deux sexes dans des emplacemens séparés de la même maison, en ayant soin de pratiquer, s'il est possible, une entrée particulière pour chacun d'eux. Si le maître est marié, sa femme peut être chargée de la surveillance des filles pendant que l'instituteur est occupé de l'instruction des garçons. On aura soin de laisser sortir les filles une demi-heure avant les garçons. On évitera ainsi qu'ils se trouvent ensemble à l'entrée et à la sortie de la classe.

Changement de domicile.

85. Lorsqu'un instituteur primaire voudra quitter la commune où il exerce ses fonctions, et demandera l'autorisation d'exercer dans une autre, il ne pourra l'obtenir qu'en représentant un certificat de bonnes vie et mœurs, délivré par les autorités de celle d'où il sort, visé et confirmé par le recteur de l'académie ou par son délégué; il sera fait mention de ce certificat dans la nouvelle autorisation spéciale qui lui sera délivrée.

Cette nouvelle autorisation ne sera d'ailleurs délivrée qu'après l'accomplissement des autres formalités ci-dessus prescrites à l'art. 69.

Dans les villes au-dessus de dix mille ames, lorsqu'un instituteur voudra changer de demeure, il devra de même obtenir la permission du recteur, qui prendra à cet égard l'avis du comité. (Ordonn. du 21 avril 1828, art. 15.)

Exéat.

86. Tout instituteur primaire qui veut quitter la commune où il exerce, pour s'établir dans une autre, soit de la même académie, soit d'une autre, est tenu de se munir préalablement d'un *exéat* ou certificat de bonnes vie et mœurs, délivré par les autorités de la commune d'où il sort, visé et confirmé par le recteur, ou par son délégué.

(Arrêté du 12 décembre 1820.)

MODÈLE DE L'EXÉAT.

Nous (*maire ou curé de la commune*), sur la déclaration qui nous a été faite par le sieur , instituteur de la commune de de son intention de quitter la commune, attendu (*motif de la demande*), certifions que pendant (*temps de l'exercice*) qu'il a exercé (*note sur sa conduite, sa capacité*, etc.)

Signature du maire ou du curé. *Vu et confirmé par le recteur.*

Quand on ne pourra disposer que d'une seule salle, il faudra assigner des heures différentes. Les comités feront connaître la mesure qui sera la plus convenable, suivant la localité, pour se conformer aux dispositions de l'ordonnance; mais aucune de ces mesures ne peut recevoir d'exécution que par une autorisation formelle du recteur, sur l'avis du comité.

Démission.

87. Lorsqu'un instituteur voudra renoncer à l'enseignement et quitter la place qu'il occupe, il devra adresser sa démission au recteur et attendre sa réponse. En cas de refus de la part du recteur de recevoir sa démission, il devra la renouveler de deux en deux mois; et après trois demandes consécutives, il lui sera délivré un *exéat* (Art. 118).

(Art. 43 du décret du 17 mars 1808.)

Instituteurs ambulans.

88. Lorsque plusieurs communes rurales peu distantes les unes des autres n'offrent point individuellement assez de ressources pour qu'un instituteur puisse s'établir dans l'une d'elles, ou que les enfans des autres communes ne peuvent s'y réunir, tout individu ayant satisfait aux conditions précédentes pourra être autorisé à aller successivement, soit dans des jours différens de la semaine ou du mois, soit dans des saisons différentes, instruire les enfans de ces diverses communes. A cet effet, après avoir consulté les comités, il sera délivré par le recteur à ces instituteurs ambulans des livrets, qu'ils devront faire viser par le maire et le curé de chaque commune où ils séjourneront. Les autorités ne doivent pas permettre qu'ils ouvrent école sans qu'ils présentent leurs livrets.

(Circulaire du 31 janvier 1826.)

Maîtres d'écriture.

89. Les maîtres d'écriture sont classés parmi les instituteurs primaires : ils ne pourront outrepasser, dans leur enseignement, les bornes prescrites aux instituteurs.

(Arrêté du 2 novembre 1813.)

§ II.

ÉCOLES DE FILLES[1].

Nota. En vertu des ordonnances du 3 avril 1820, du 31 octobre 1821, du 21 avril 1828, art. 21, et des circulaires ministérielles des 3 juin, 29 juillet 1819, 27 septembre 1820 et 13 juin 1828, les articles du § 1er s'appliquent aux Écoles primaires de filles, sauf les modifications qui suivent.

Commission d'examen.

90. Il sera formé par le recteur dans chaque département une ou plusieurs commissions d'examen composées de cinq membres. Cette commission sera chargée d'examiner, sous le rapport de l'instruction, les personnes qui désireront se vouer aux fonctions d'institutrice.

(Circulaires ministérielles des 3 juin 1819, 19 juin 1820, et 13 juin 1828; art. 21, ordonn. du 21 avril 1828.)

Certificats.

91. Aucune postulante, fille, mariée ou veuve, ne sera admise devant le jury d'examen, si elle n'est âgée de vingt ans au moins, et si elle n'est munie des pièces suivantes:

1° Un acte de naissance, et, si elle est mariée, un extrait de l'acte de la célébration de son mariage;

2° Un certificat de bonne conduite et de bonnes mœurs des curés et maires des communes où elle aura habité depuis trois ans au moins;

3° Un certificat d'instruction religieuse.

(Ordonnances du 29 février 1816, art. 10; du 21 avril 1828, art. 21; et circulaires du 3 juin 1819, 19 juin 1820 et 13 juin 1828.)

92. Les écoles de filles ne sont que de deux degrés.

Brevet de capacité, deuxième degré.

93. Le brevet de capacité des institutrices du deuxième

(1) Les Écoles supérieures de filles désignées sous les noms d'*Institutions* ou de *Pensions* de demoiselles demeurent placées sous la surveillance des préfets comme l'ont établi l'ordonnance du 31 octobre 1821 et les instructions ministérielles du 19 juin, du 4 novembre 1820 et 13 juin 1828.

degré, ou degré inférieur, correspond au troisième degré des instituteurs. Il est accordé aux personnes qui possèdent les principes de leur religion, et qui savent suffisamment lire, écrire et chiffrer, pour en donner des leçons.

(Ordonnances du 29 février 1816, art. 11; du 21 avril 1828, art. 21; Circulaire du 3 juin 1819.)

Premier degré.

94. Le 1er degré, qui répond au 2e des instituteurs, est accordé aux personnes qui possèdent les principes de leur religion, la lecture, l'écriture, les quatre premières règles, les règles de trois et de société, et les élémens de la grammaire.

(Ibid.)

Les modèles des programmes des examens pour ces brevets de capacité sont à peu près ceux des articles 61 et 63.

Autorisation.

95. L'autorisation spéciale d'exercer sera délivrée aux institutrices dans les formes prescrites par les art. 68, 69, 70, 71.

§ III.

ÉCOLES DES FRÈRES.

Brevets pour les Frères.

96. Les Frères des écoles chrétiennes, et les membres de toute autre association charitable, légalement autorisée pour former ou fournir des instituteurs primaires, recevront du recteur un brevet de capacité, sur le vu de l'obédience délivrée par le supérieur ou le directeur général de ladite association.

(Ordonnances du 1er mai 1822, du 17 septembre et du 3 décembre 1823, art. 3; ordonn. du 21 avril 1828, art. 10.)

Autorisation spéciale.

97. Le recteur peut délivrer à ces Frères dûment brevetés, l'autorisation d'exercer dans les communes qui feront les frais de leur établissement.

(Ordonnances du 19 février 1816, art. 36 et 38, et du 21 avril 1828, art. 11.)

98. Les Frères déjà munis de brevets, qui seraient appelés par les évêques, ou qui seraient envoyés, en vertu d'une fondation, par une congrégation ou association charitable dont ils sont membres, devront également obtenir l'autorisation du recteur.

(Art. 18, 19, de l'ordonnance du 29 février 1816.)

Ils devront pour cela remettre au recteur deux certificats constatant, 1° que la commune ou une société fait les frais de leur établissement; 2° qu'ils y sont appelés par l'évêque, la congrégation ou l'association.

(Ordonn. du 8 avril 1824, art. 12, et du 21 avril 1828, art. 10; Instruction de S. Exc., du 12 juillet 1828.)

§ IV.

FONDATION DES ÉCOLES PRIMAIRES PAR LES COMMUNES OU PAR LES ASSOCIATIONS CHARITABLES.

99. Des écoles primaires peuvent être fondées et entretenues en tout ou en partie, soit par les départemens ou les communes, soit par des associations de bienfaisance, soit par des individus.

Les unes et les autres ne peuvent s'établir que dans les formes énoncées aux articles 69 ou 105.

(Ordonn. du 21 avril 1828, art. 10.)

100. Toute commune sera tenue de pourvoir à ce que les enfans qui l'habitent reçoivent l'instruction primaire, et à ce que les enfans indigens la reçoivent gratuitement.

(Ordonn. du 29 février 1816, art. 14.)

101. Les écoles communales seront divisées en trois

classes correspondantes aux trois degrés d'enseignement reconnus par l'article 11 de l'ordonnance du 29 février 1816 : ce classement sera fait dans chaque département par le préfet, de concert avec le recteur de l'Académie, et présenté à l'approbation du conseil général dans sa session annuelle.

Le conseil général déterminera le *minimum* des émolumens divisés en traitemens fixes et produits éventuels de chacune des trois classes d'écoles.

Le tableau général de classement des écoles du département sera dressé en trois expéditions, dont l'une sera déposée à la préfecture, la seconde dans les archives de l'Académie, et la troisième, transmise au ministre des affaires ecclésiastiques et de l'instruction publique.

Ce tableau sera révisé annuellement dans les mêmes formes. Les écoles qui, par l'effet de fondations, donations particulières ou votes nouveaux des communes, auraient acquis une importance suffisante, seront élevées, s'il y a lieu, à une classe supérieure.

(Ordonn. du 14 février 1830, art. 2, 3 et 4.)

102. Les conseils municipaux de toutes les communes du royaume délibéreront, dans leur prochaine session ordinaire du mois de mai, sur les moyens de pourvoir à l'établissement et à l'entretien des écoles primaires dont ils auront reconnu la nécessité.

Dans le cas où les dépenses ne pourraient être couvertes qu'à l'aide d'une imposition extraordinaire, elle sera votée dans les formes prescrites par les articles 39 et suivans de la loi du 15 mai 1818.

(Ibid., art. 5.)

103. Les conseils municipaux arrêteront dans cette délibération,

1° Le montant des frais indispensables pour le premier établissement de l'école ;

2° Le traitement fixe annuel propre à assurer le sort de l'instituteur, en ayant égard aux émolumens éventuels qu'il pourra obtenir des élèves payans;

3° Le vote des fonds destinés aux frais d'établissement de l'école, et ceux affectés au traitement fixe de l'instituteur; ce traitement sera voté pour *cinq* ans;

4° La liste des enfans qui seront admis gratuitement à l'école;

5° Enfin, le taux de la rétribution mensuelle à payer pour les enfans qui ne seront pas admis aux leçons gratuites. (Ordonnance du 14 février 1830, art. 6.)

104. Lorsqu'une commune n'aura pas les moyens d'entretenir un instituteur, elle pourra s'entendre avec une ou plusieurs communes voisines pour en avoir un en commun.

Dans ce cas, chaque conseil municipal votera sa portion contributive aux diverses dépenses, conformément à l'article précédent, et dressera la liste des enfans de la commune qui devront recevoir l'instruction gratuite.

La distribution des leçons entre les enfans des communes ainsi associées sera réglée d'un commun accord par les maires respectifs, et ce réglement sera soumis à l'approbation du recteur, qui statuera après avoir pris l'avis du comité de surveillance. (Ibid., art. 7.)

Autorisation de l'instituteur.

105. Toute demande à fin d'obtenir l'autorisation spéciale d'exercer les fonctions d'instituteur dans une commune sera adressée au comité, qui la transmettra, avec son avis, au recteur de l'académie, lequel donnera l'autorisation nécessaire dans les formes voulues. (Art. 69.)

(Art. 11 de l'ord. du 21 avril 1828.)

106. Les maîtres des écoles *fondées* [1] ou *entretenues* par les communes seront présentés par le maire et par le curé ou desservant. Ils auront d'ailleurs à remplir les formalités prescrites pour les autres écoles (Art. 69).

(Ordonn. du 29 fév. 1816, art. 20.)

107. Si le maire, le curé ou desservant ne s'accordent pas sur le choix, le comité examinera les sujets présentés par chacun d'eux, et donnera son avis au recteur sur celui qui mérite la préférence [2].

(Ibid., art. 21.)

108. Les communes et les fondateurs particuliers desdites écoles pourront donner les places d'instituteur au concours, et établir la nécessité de ce mode, ainsi que les formalités à y observer.

En ce cas, les concurrens devront d'abord justifier de leurs certificats de capacité et de bonne conduite, et ce-

(1) Les expressions *fondées* ou *entretenues* dont se sert l'ordonnance du 29 février 1816, art. 20, ne doivent s'entendre que d'écoles fondées ou entretenues *complètement* par des communes ou par d'autres fondateurs. C'est dans ce cas seulement que le droit de présentation peut être exercé; mais les écoles qui ne reçoivent des communes qu'une subvention *insuffisante* pour le traitement du maître et les frais de la classe et qui ne sont pas entièrement *gratuites*, sont pourvues d'instituteurs, directement par l'Académie, conformément à l'article 69. (Décision du conseil royal du 4 oct. 1828).

(2) Dans le cas prévu par cet article, le choix du comité est quelquefois suivi d'inconvéniens. Il peut arriver que le maire ou le curé refuse chacun sa bienveillance au candidat de l'autre; alors il est bien difficile, dans les petites communes surtout, que l'école prospère sans le concours et la protection de l'un des surveillans spéciaux. Il arrive souvent aussi que cette division en fait naître d'autres parmi les habitans, et qu'elle occasionne presque toujours le départ de l'instituteur. De plus, lorsque l'instituteur doit joindre à ses fonctions celles de greffier et de secrétaire de la mairie, et celles de chantre et de sacristain, il se voit privé des fonctions auxquelles l'opposant a droit de nommer, et il perd un supplément de traitement souvent indispensable pour subvenir à ses besoins.

Avant de donner son suffrage à l'un des deux candidats, le comité devra donc user de toute son influence pour amener le maire et le curé à un choix unanime, ou à mettre la place au concours, conformément à l'art. 22 de ladite ordonnance, ou bien à prendre l'académie pour arbitre, en lui laissant le soin de nommer à cette place.

lui qui, par le résultat du concours, aura été jugé le plus digne, sera présenté.

(Ordonn. du 29 fév. 1816, art. 22.)

Écoles fondées par des associations.

109. Toute personne ou association qui veut *fonder et entretenir* [1] une école gratuite, doit contracter, par acte authentique, l'engagement légal d'entretenir ladite école au moins pendant cinq ans. La personne ou l'association jouit dès lors du droit de présenter l'instituteur, soit en le choisissant spontanément, soit en établissant un concours, comme il a été dit pour les communes fondatrices.

(Art. 16, ordonn. du 2 août 1820; art. 18, ordonn. du 29 février 1816; Circulaire du 6 mai 1828.)

Les formalités à remplir sont encore celles qui ont été déjà mentionnées pour les autres écoles (Art. 69).

(Art. 18, ordonn. du 29 février 1816; art. 11, ordonn. du 21 avril 1828.)

109 (*bis*). Celui qui aura fondé une école, soit par donation, soit par testament, pourra réserver à ses héritiers ou successeurs, dans l'ordre qu'il désignera, le droit de présenter l'instituteur.

(Ordonn. du 29 février, art. 18.)

Les personnes ou associations, et les bureaux de charité, qui auraient fondé et entretiendraient des écoles gratuites, pourront aussi se réserver, ou à leurs successeurs, l'administration économique de ces écoles, et donneront leur avis au comité de surveillance sur ce qui concerne leur régime intérieur. Mais elles ne pourront y établir de méthode ni de réglement particulier.

(Ibid., art. 19 et 31.)

(1) Voir la décision du 4 octobre 1828, ci-contre.

CHAPITRE III.

JURIDICTION.

DEVOIRS DES INSTITUTEURS.

110. Vainement les maîtres les plus habiles travailleraient-ils avec le secours des meilleures méthodes à développer les intelligences, si la religion ne venait en même temps former les cœurs, calmer les passions et plier les volontés à l'accomplissement des devoirs de toute nature. L'enseignement religieux et l'enseignement humain doivent se prêter un mutuel secours; dans un bon système d'éducation, ils sont inséparables.

(Rapport au Roi, avril 1828.)

111. Pour se conformer à la volonté de l'Université, et ne donner lieu à aucune plainte, pour s'attirer le respect et l'affection des élèves, l'estime de ses concitoyens et la bienveillance des autorités, l'instituteur devra, en conservant la plus grande affabilité avec tout le monde, ne former que des liaisons honorables. Il évitera avec soin les sociétés peu décentes, les cafés, les cabarets, les billards, et tout ce qui serait contraire à la gravité de ses fonctions. Ce ne sera pas assez pour lui de bien remplir les devoirs de son école; il se souviendra, même hors de sa classe, qu'il est instituteur, et qu'il doit donner le bon exemple, non-seulement à ses élèves, mais encore à leurs parens.

112. La surveillance de l'Université sur l'instruction primaire embrasse ce qui touche à l'observation des lois, ordonnances, statuts et réglemens qui régissent l'instruction publique; le maintien de l'ordre et de la discipline, les plaintes et les réclamations élevées contre les

fonctionnaires, relativement à l'exercice de leurs fonctions; les querelles et diffamations qui viendraient à naître entre eux; le scandale que pourrait occasionner leur conduite au dedans ou au dehors des écoles.

Contraventions.

113. Ce ne serait pas assez pour un instituteur d'avoir une conduite régulière, s'il n'apportait encore la plus grande attention à l'observation des réglemens dont il doit faire une étude particulière pour se diriger, et ne point s'exposer à les violer, même involontairement.

Nous rappellerons ici quelques obligations réglementaires principales, que l'on pourrait enfreindre par négligence.

1° L'instituteur doit se renfermer dans la limite de l'instruction primaire, telle que la détermine le brevet de capacité qu'il a obtenu.

(Art. 6 de l'arrêté du 5 décembre 1820.)

2° Il ne doit point recevoir de pensionnaires sans en avoir obtenu une autorisation spéciale du conseil royal.

(Arrêté id., art. 1er; art. 12, ordonn. du 21 avril 1828.)

3° Il ne peut admettre dans son école des enfans de diverses religions, sans une autorisation spéciale du conseil royal.

(Art. 13, ibid.)

La contravention à ces trois articles peut entraîner la révocation de l'autorisation d'exercer.

(Arrêté du 15 déc. 1820; ordonn. du 21 avril 1828, art. 16.)

4° L'instituteur ne peut changer de commune ni de demeure dans la même commune, sans l'autorisation du recteur, à peine d'être poursuivi comme instituteur clandestin.

(Ordonn. du 21 avril 1828, art. 15; art. 56 du décret du 15 nov. 1811.)

5° Il est expressément défendu de réunir dans une même école les filles et les garçons, et même de les recevoir à des heures différentes, sans en avoir obtenu l'autorisation spéciale du recteur.

(Art. 32, ordonn. du 29 février 1816.)

6° Un instituteur ne peut se faire suppléer, ni prendre un adjoint, sans l'autorisation du recteur.

7° Aucun programme ou prospectus, etc., relatif à une école, ne peut être imprimé sans avoir été soumis au recteur et au conseil académique, et sans en avoir obtenu l'approbation.

(Art. 104 du décret du 17 mars 1808; Circulaire du 10 août 1820.)

8° Aucune distribution de prix ne peut être faite publiquement, ni aucun discours à cette occasion être prononcé, sans l'autorisation du recteur.

(Art. 219 du statut du 4 septembre 1821.)

9° Tout instituteur adresse, le 1er avril de chaque année, au recteur et au comité, deux états de son école conformes au modèle ci-joint.

Ecole du sieur , commune d , canton d , arrondissement d , département d .

Nom, prénoms et age de l'instituteur.	
Célibataire ou marié. Nombre d'enfans.	
Population de la commune.	
Nombre des naissances annuelles.	
Nombre moyen des élèves, en hiv.	
Nombre moyen des élèves, en été.	
Nombre des élèves gratuits.	
Nombre moyen des années que les enfans passent à l'école.	
Méthode d'enseignement.	
Degré et date du brevet.	
Date de l'autorisation.	
Traitement fixe de l'instituteur.	
Traitement comme chantre ou secrétaire de la mairie, etc.	
Rétribution payée par mois par élève.	
Date de l'autorisation d'avoir des pensionnaires.	
Époque de son exemption du service militaire.	
Observations sur les besoins de la commune, sous le rapport de l'instruction primaire, etc. en ressources, etc. en quoi consiste le local de l'école, et en quel état il se trouve, etc. récompenses obtenues, etc.	

Fait à le 1er avril 18

l'Instituteur

(signature)

10° L'infraction de ces divers articles et des divers réglemens qui pourraient être faits par l'académie, entraîne des peines plus ou moins graves.

Délits.

114. Les délits dont un instituteur peut se rendre coupable, sont de deux sortes : les uns relatifs à la vie privée et les autres à ses fonctions.

Les premiers, plus condamnables dans la personne d'un instituteur, peuvent varier autant que les circonstances ; les lois répriment et punissent les plus graves, et nous ne pensons pas que les instituteurs s'en rendent jamais coupables. Mais il est aussi des délits que la loi ne peut atteindre et que l'Université ne saurait tolérer; de ce nombre est tout ce que ne peut avouer l'homme religieux, le bon père de famille et l'honnête citoyen.

Les délits résultant des fonctions d'instituteur se rattachent à la mauvaise tenue de l'école, aux principes donnés aux enfans, à l'inobservation des réglemens, et à l'insubordination envers l'autorité supérieure.

Peines judiciaires.

115. Tout instituteur qui aura été dispensé du service militaire par l'engagement qu'il aura contracté de se vouer pendant dix ans au service de l'instruction publique, et qui cesserait de tenir école soit volontairement, soit par une décision de l'autorité compétente, rentrera sous la loi du service militaire.

(Circulaire du 1er février 1819, du 28 février 1812, et du 5 mars 1822.)

116. Tout individu qui exercerait sans autorisation sera poursuivi comme instituteur clandestin, et ne pourra plus obtenir d'autorisation, soit pour cette commnne, soit pour les autres communes de l'arrondissement.

(Arrêté du 22 mai 1818.)

117. Celui qui enseignera publiquement [1] et tiendra école sans autorisation, sera traduit, à la requête du procureur du roi, en police correctionnelle, et condamné à une amende qui ne pourra être moindre de 100 fr., ni excéder 3,000 fr.

(Décret du 15 nov. 1811, art. 54, 56.)

118. Celui qui abandonne ses fonctions sans avoir observé les conditions exigées par l'art. 43 du décret du 17 mars 1808, sera rayé du tableau des instituteurs. Il sera en outre condamné à une détention proportionnée pour sa du ée à la gravité des circonstances, et qui ne pourra excéder un an.

(Art. 44 du décret du 17 mars 1808, et 69 du décret du 15 nov. 1811.)

Peines de discipline.

119. Les peines de discipline qu'entraînerait la violation des devoirs et des obligations, seront, selon la gravité des fautes :

1° La réprimande en présence du comité;
2° La réprimande en présence du conseil académique;
3° La suspension pour un temps déterminé;
4° La révocation de l'autorisation spéciale;
5° La révocation du brevet de capacité.

(Art. 47 du décret du 17 mars 1808; art. 25 de l'ordonn. du 29 février 1816, et art. 17, 18 de l'ordonn. du 21 avril 1828.)

Procédure.

120. Pour assurer à tous la justice et éclairer l'autorité dans les jugemens qu'elle aurait à prononcer, il a été établi une juridiction spéciale.

(1) Une école est *publique*, dans le sens de la loi, toutes les fois que des enfans de différentes familles se réunissent habituellement dans le même local pour s'y livrer à l'étude. Le mot *publiquement* est employé ici uniquement par opposition à l'enseignement domestique et privé.

(Arrêt de la cour de cassation, du 1er juin 1827.)

Deux règles sont fondamentales sur cette matière :

La 1re veut que nul ne soit condamné qu'il n'ait été entendu;

La 2e, que toute accusation soit éclaircie, à charge ou à décharge.

A cet effet :

1° Toute plainte contre un instituteur sera adressée au comité de son ressort.

2° Le comité examine la plainte, et s'il estime qu'il y a lieu d'instruire, il en communique les griefs à l'instituteur inculpé, qui doit y répondre sous huitaine.

3° Faute par celui-ci de remettre sa réponse dans ce délai, le comité statuera et donnera son avis au recteur.

4° Si la plainte dont il s'agit porte sur l'infraction aux articles 12, 13 et 15 de l'ordonnance du 21 avril 1828, ou sur toute autre faute grave qui pourrait entraîner la révocation, le comité, après avoir communiqué la plainte, comme il est dit ci-dessus, mandera l'instituteur inculpé, dressera procès-verbal de ses réponses ou de sa non-comparution, et donnera un avis motivé qui sera adressé au recteur.

(Art. 25, ordonn. du 29 fév. 1816; circul. du conseil royal du 19 janv. 1821; art. 16, ordonn. du 21 av. 1828.)

121. Le comité peut provoquer d'office la révocation de l'instituteur, de la part du recteur.

(Art. 26, ordonn. du 29 février 1816.)

122. En cas d'urgence, le comité pourra provisoirement ordonner la suspension, et pourvoir provisoirement au remplacement de l'instituteur inculpé.

(Ordonn. du 21 avril 1828, art. 16.)

123. Le recteur pourra, selon les circonstances, retirer l'autorisation spéciale d'exercer, ou prononcer une simple suspension.

Dans l'un ou l'autre cas, sa décision est exécutoire par provision.

(Art. 25, ordonn. du 29 février 1816 et du 21 avril 1828, art. 17.)

124. Si le recteur pense qu'il y a lieu de retirer le brevet de capacité, il soumettra l'affaire au conseil académique, qui statuera, après avoir entendu l'inspecteur chargé des fonctions du ministère public.

(Ordonn. ibid., art. 18.)

125. Les décisions prises par les conseils académiques, dans les cas prévus par l'article précédent, seront sujettes au recours devant notre conseil royal d'instruction publique. Le recours devra être exercé dans le délai d'un mois, à partir du jour où le recteur aura notifié la décision du conseil académique.

Toute autre décision ou mesure relative à l'instruction primaire sera sujette au recours devant le ministre de l'instruction publique.

(Ibid., art. 19.)

CHAPITRE IV.

ENCOURAGEMENS ET RÉCOMPENSES ACCORDÉS AUX INSTITUTEURS.

126. Le sentiment profond de leurs devoirs et la volonté de Dieu qui les leur impose, doivent suffire pour porter les maîtres à remplir, avec la plus grande exactitude, toutes les obligations de leur profession; néanmoins, l'autorité a voulu reconnaître et récompenser le mérite, et attacher quelques avantages particuliers aux fonctions d'instituteur.

Exemption de tous droits et rétributions.

127. Les élèves pensionnaires ou externes et les maîtres et maîtresses des écoles primaires sont exempts de tout droit et rétribution envers l'Université.

(Art. 34 de l'ordonn. du 29 fév. 1816; arrêté du 5 déc. 1820, art. 8.)

Exemption du service militaire.

128. Les instituteurs primaires du *premier* ou du *deuxième* degré qui seront en fonctions à l'époque de leur appel au service militaire, pourront, en contractant, devant le conseil royal, l'engagement de se vouer pendant dix ans au service de l'instruction publique, être dispensés du service militaire [1].

(Art. 5 de la loi du 20 mars 1818; circul. du 15 janv. 1819, du 21 oct. 1825 et du 23 août 1828.)

129. L'engagement dont le modèle est ci-après, doit être contracté, légalisé, et envoyé avec l'*acte de naissance* au recteur, au mois de *décembre* de l'année qui

(1) Les élèves des classes *normales primaires* et *les frères* ou *novices des associations charitables*, atteints, pendant le cours de leurs études, par la loi du recrutement, peuvent contracter un semblable engagement.

(Loi du 10 mars, art. 15, et circulaire du 31 oct. 1825.)

précède celle de l'appel au service militaire. Cependant les engagemens des maîtres nouvellement autorisés continueront d'être reçus, pourvu qu'ils soient *contractés et légalisés avant le tirage.*

(Circul. du 1er juin 1822, du 8 avril 1823, du 31 oct. 1825 et du 23 août 1828.)

MODÈLE DE L'ENGAGEMENT.

INSTRUCTION PUBLIQUE.

Engagement de se vouer dix ans au service de l'instruction publique.

Je soussigné , né à , département d , le , instituteur primaire de la commune d , canton d , département d , pourvu d'un brevet de capacité du premier ou deuxième degré du , et d'une autorisation délivrée par le recteur de l'académie d , le , atteint par la loi du 10 mars 1818, sur le recrutement de l'armée, pour la classe de , promets, conformément a ladite loi, de me vouer pendant dix ans au service de l'instruction publique.

A , le

(*Signature de l'instituteur.*)

Vu pour la légalisation de la signature ci-dessus.

A , le

(*Signature du maire.*)

Je soussigné (*père ou tuteur*), consens à ce que mon (*fils ou pupille*) se voue pour dix ans au service de l'instruction publique.

A , le

(*Signature du père ou du tuteur.*)

Vu pour la légalisation de la signature ci-dessus.

A , le

(*Signature du maire de la commune où réside le pere ou le tuteur.*)

Vu pour la légalisation.

A , le

(*Le préfet ou sous-préfet de l'arrondissement dans lequel exerce l'instituteur.*)

Vu par le Recteur.

130. Les instituteurs dispensés du service militaire devront adresser, tous les six mois, au comité et au recteur, un certificat du maire qui *constate qu'ils sont en*

fonctions. Le comité transmettra ces pièces au recteur, et lui fera connaître ceux des instituteurs qui auront abandonné leurs fonctions. L'état de ces derniers sera transmis au Grand-Maître de l'Université.

(Circulaire du 1er février 1819 et du 5 mars 1822.)

Pensions de retraite.

131. Il sera formé un fonds pour assurer aux instituteurs primaires communaux, au moyen de retenues sur leurs traitemens et des autres ressources dont on pourra disposer, des pensions de retraite, lorsque l'âge ou les infirmités les mettront dans la nécessité de renoncer à leurs fonctions, après les avoir exercées pendant un nombre d'années déterminé.

(Ordonn., 14 fév. 1830, art. 14.)

Fonds annuel pour l'instruction primaire.

131 (*bis*). Il est fait annuellement par le trésor royal un fonds pour être employé par le conseil royal de l'Université, soit à faire composer ou imprimer des ouvrages propres à l'instruction primaire, soit à établir temporairement des écoles-modèles dans les pays où les bonnes méthodes n'ont point encore pénétré, soit à récompenser les maîtres qui se sont le plus distingués par l'emploi de ces méthodes [1].

(Art. 35 de l'ordonn. du 29 fév. 1816 et 11 du 14 fév. 1830.)

Médailles.

132. Ceux qui se distinguent par la bonne tenue de leur école, par une conduite sans reproche et par leur zèle pour l'instruction de leurs élèves, peuvent obtenir des médailles d'encouragement que l'Université fait distribuer chaque année dans toutes les académies. Elles sont données solennellement par les recteurs ou

(1) Ce fonds a été porté à 300,000 francs par la loi des finances de 1829.

par des fonctionnaires qu'ils délèguent à cet effet, de l'avis des conseils académiques auxquels les inspecteurs font un rapport, d'après les renseignemens que les recteurs eux-mêmes ont recueillis, et d'après les tableaux et les notes fournies par les comités. Le nom de l'impétrant est gravé, aux frais de l'Université, sur la médaille décernée à chaque instituteur.

(Arrêtés du 15 juin 1818 et du 7 fév. 1829.)

Notes adressées à l'Académie.

133. Chaque année, au mois de mai, le comité, en faisant connaître au recteur la situation de l'instruction primaire dans chaque commune, transmet ses notes sur la conduite des instituteurs et sur l'état de leurs écoles. Il sera fait une mention particulière de ceux qui se sont le plus distingués.

(Art. 8 de l'ordonn. du 21 avril 1828.)

Rapport au Grand-Maître.

134. Le recteur envoie chaque année, au mois de juillet, à S. Exc. le Grand-Maître de l'Université le résumé des tableaux fournis par les comités cantonnaux; il lui adresse sur l'instruction primaire de son académie un rapport où sont mentionnés les instituteurs les plus méritans.

(Art. 33 de l'ordonn. du 29 février 1816.)

Rapport au Roi.

Tous ces documens servent de matériaux pour le rapport général sur l'instruction primaire du royaume que S. Exc. le Grand-Maître adresse tous les ans au Roi.

(Art. 5 de l'ord. du 1er juin 1822.)

CHAPITRE V.

ENSEIGNEMENT ET DISCIPLINE DES ÉCOLES PRIMAIRES.

Classes normales primaires.

135. Il est établi dans chaque académie une ou plusieurs classes normales destinées à former des maîtres pour les écoles primaires, et à propager les méthodes les plus propres à perfectionner l'art de montrer à lire, à écrire et à chiffrer.

(Décret du 17 mars 1808, art. 107, 108, et art. 11 de l'ord. du 14 fév. 1830.)

136. Quelques conseils généraux de département ont fondé des classes normales primaires proprement dites, uniquement destinées à former des instituteurs. Des élèves boursiers, à demi-bourse, à trois quarts de bourse ou à bourse entière, sont nommés, sur l'avis du recteur, par les préfets des départemens qui paient les bourses, et admis dans ces écoles, après avoir subi devant des officiers de l'Université un examen qui constate qu'ils ont une instruction suffisante pour suivre le cours d'études tel qu'il est déterminé par la fondation et par les réglemens.

137. Toute association religieuse ou charitable, telle que celle des écoles chrétiennes, pourra être admise à fournir, à des conditions convenues, des maîtres aux communes qui en demanderont, pourvu que cette association soit autorisée par le Roi, et que ses réglemens et les méthodes qu'elle emploie aient été approuvés par le conseil royal de l'instruction publique.

(Ordonn. du 29 fév. 1816, art. 36.)

138. Dans les grandes communes, on favorisera, autant qu'il sera possible, la réunion de plusieurs classes sous un seul maître et plusieurs adjoints, afin de former un certain nombre de jeunes gens dans l'art d'enseigner.

(Ordonn. du 29 fév. 1816, art. 39.)

Écoles-modèles.

139. Dans quelques départemens, des écoles tenues par les Frères des écoles chrétiennes ont servi d'écoles-modèles, et, chaque année, un certain nombre d'instituteurs vont y apprendre la méthode d'enseignement simultané.

Plusieurs écoles d'enseignement mutuel, également remarquables par leur bonne direction et par leur bonne tenue, ont aussi mérité d'être désignées comme écoles-modèles. (Arrêté du 22 juillet 1817.)

Méthodes d'enseignement.

140. Comme la prospérité de l'enseignement dépend, en très grande partie, des méthodes suivies par l'instituteur, nous allons, avant de passer au réglement des écoles primaires, faire quelques observations sur ces différentes méthodes.

Toutes les méthodes d'enseignement rentrent dans les trois suivantes : méthode d'*enseignement individuel*, méthode d'*enseignement simultané*, et méthode d'*enseignement mutuel* [1].

Méthode d'enseignement individuel.

141. Il n'est pas besoin de donner de longs détails pour faire connaître la méthode d'enseignement individuel ; elle est malheureusement trop pratiquée : ceux qui l'emploient sans en savoir le nom, la reconnaîtront lorsque nous dirons qu'*elle consiste à faire lire, écrire, calculer et réciter les élèves séparément les uns après les autres, de manière que nul élève ne puisse profiter des leçons données aux autres.*

Méthode d'enseignement simultané.

142. La méthode d'enseignement simultané a pour objet de faire participer à la fois, à une leçon donnée

(1) On dit quelquefois, pour abréger, méthode *simultanée*, au lieu de méthode d'*enseignement simultané*, etc.

par le maître, tous les élèves capables de la recevoir. *Elle consiste à diviser, d'après leur degré d'instruction, tous les élèves en plusieurs classes, et à faire lire, écrire, réciter et calculer ensemble tous ceux d'une même classe; de telle sorte que chaque élève profite de la leçon donnée à chacun des autres.*

Cette méthode permet au maître de donner, dans une école assez nombreuse, à chaque classe, et par suite à chaque élève, assez de temps pour obtenir des progrès sensibles. Elle établit l'émulation entre les élèves, surtout si le maître a soin de les intéresser à se reprendre les uns les autres, et d'accorder une distinction à celui qui se montre le plus instruit. Dans une école ainsi organisée, toutes les classes peuvent être occupées ensemble, et, outre l'avantage des progrès, on a celui d'y faire observer plus facilement l'ordre et la discipline. Toute la bonté de la méthode simultanée deviendra plus évidente par la comparaison avec la méthode individuelle, et par le développement que nous en ferons dans le réglement des écoles.

Méthode d'enseignement mutuel.

143. La méthode d'enseignement mutuel est une méthode d'enseignement *simultané;* son caractère distinctif consiste en ce que *chaque classe d'élèves, au lieu d'avoir pour maître l'instituteur lui-même, a pour maître un élève d'une classe supérieure.* Ainsi, par cette méthode, les élèves les plus forts transmettent aux autres les leçons qu'ils ont reçues, et le nombre des maîtres, tous subordonnés à un seul, se trouve assez multiplié pour permettre à toutes les divisions d'une classe très nombreuse de travailler aux mêmes études à la fois et pendant tout le temps de la classe.

Voilà en peu de mots l'esprit de la méthode d'enseignement mutuel, dépouillé de tous les moyens d'exécution dont l'étude demande beaucoup de soins; ils ont été déjà l'objet de plusieurs ouvrages [1]. Nous ne nous proposons pas de la faire connaître ici dans ses détails, et d'ailleurs il faut voir une bonne école et y exercer, pour être capable d'en faire ensuite l'application. Mais nous avons voulu en donner une idée aux instituteurs, pour les engager, s'ils ont une école nombreuse, à en appliquer au moins le principe, à suppléer au temps qui peut leur manquer, en plaçant tour à tour, là où eux-mêmes sont le moins nécessaires, quelques bons élèves des classes supérieures, qui, sous les yeux du maître, feront lire, écrire, calculer et réciter les élèves de quelques classes.

Comparaison des méthodes.

144. Nous comparerons maintenant ces diverses méthodes, pour en faire bien sentir les avantages et les inconvéniens. Dans la méthode *individuelle,* chaque élève, tour à tour placé seul en face du maître, pendant quelques momens, n'a point de motif d'émulation, et il n'y a pour tous et pour le maître lui-même qu'ennui et dégoût presque inévitables, longueur et perte de temps. Dans les méthodes *simultanée* et *mutuelle,* au contraire, les élèves, toujours en présence les uns des autres et du maître, rivalisent sans cesse et profitent de tous les instans. D'après ces dernières méthodes, les élèves reçoivent à la fois une leçon qui dure pour chacun tout le temps employé à faire travailler ceux d'une même classe, tandis que par la méthode individuelle, un élève étant absolument étranger aux soins donnés aux autres, n'en reçoit que pendant le temps de sa propre leçon. Examinons quelle est la durée de ce temps, et nous verrons que dans une école un peu nombreuse, où la méthode indi-

(1) Manuel des écoles élémentaires, le Guide des fondateurs et des maîtres des écoles, d'après la méthode d'enseignement mutuel, etc., etc. Chez Colas, libraire, rue Dauphine, n° 32.

viduelle est suivie, les progrès sont nécessairement nuls ou très lents; et nous montrerons ensuite que, dans une école semblable, il ne saurait presque y avoir ni ordre, ni discipline.

Durée de la leçon pour chaque élève dans une école d'enseignement individuel.

145. Supposons une école de trente élèves seulement, et voyons le temps qu'un instituteur peut donner à chacun d'eux par la méthode de l'enseignement individuel.

Les classes durent trois heures le matin et trois heures le soir. On enseigne dans chacune d'elles la lecture, l'écriture, le calcul et le catéchisme; supposons trois de ces études seulement.

Les trois classes font 180 minutes, qui, réparties également entre trente élèves, donnent six minutes par élève. Pendant ces six minutes, l'élève reçoit trois leçons, écriture, lecture, calcul ou catéchisme, ce qui fait deux minutes pour chacune des trois études.

L'élève reçoit le même temps de leçon à la classe du soir.

Mais nous avons supposé que le maître, constamment occupé, ne perdait pas une minute pendant toute la classe, soit à arranger les livres, à tailler les plumes, à réprimer le désordre, etc. Or, il est impossible que ces objets ne prennent pas beaucoup de temps. Nous n'avons pas tenu compte d'ailleurs du temps employé à faire les prières au commencement et à la fin de chaque classe. Notre résultat de deux minutes pour chaque étude est donc trop fort, et nous pouvons affirmer que, *dans une école composée de trente élèves, chacun d'eux reçoit par séance moins de deux minutes de leçon pour chaque genre d'étude.*

On verrait par un raisonnement semblable que, dans une école de quarante élèves, chacun d'eux ne reçoit par séance guère plus d'*une minute* de leçon pour chaque étude.

Nous le demandons maintenant à tous les instituteurs, quel est celui d'entre eux qui voudrait se charger d'enseigner à un élève la lecture, l'écriture, le calcul et le catéchisme, si on lui imposait la condition de ne donner leçon que deux fois par jour à cet élève, et chaque fois moins de *deux* minutes pour chaque étude? Ne répondraient-ils pas tous qu'avec si peu de temps il est impossible qu'un enfant fasse des progrès? Hé bien! leur réponse, nous pouvons l'appliquer avec raison aux écoles d'après la méthode *individuelle*. Ce qu'ils ne voudraient pas faire pour un élève seul dont les progrès seraient moins lents, parce qu'il aurait moins de distraction, il en est qui le font tous les jours pour un grand nombre d'élèves.

Discipline dans les écoles d'enseignement individuel.

146. Dans une école où l'enseignement est mal dirigé, où les élèves ne sont pas constamment occupés, la discipline doit nécessairement en souffrir et l'éducation religieuse et morale ne saurait y être bonne. En vain dira-t-on que, pendant le temps que le maître fait lire *un* des vingt ou trente élèves de sa classe, les autres écrivent ou étudient leurs leçons. Mais quel est l'enfant qui peut ainsi travailler près de trois heures de suite seul et sans maître? A quoi d'ailleurs peuvent s'occuper ceux des élèves qui connaissent à peine les lettres, qui épèlent, ou qui même commencent à lire? Peuvent-ils étudier leurs leçons? Ont-ils assez d'acquis pour travailler seuls? N'est-il pas dérisoire de les mettre en face de leurs livres, et n'est-ce pas une dureté que de leur imposer l'obligation de rester, comme des statues, muets et immobiles sur leurs bancs? Cependant il faut, pour l'ordre et la discipline [1], que le maître s'épuise inutilement à réprimer sans

(1) Nous n'appelons point *ordre* ni *discipline*, ce silence de terreur que le maître

cesse, par de mauvais traitemens, quelques mots, quelques rires, qui dégénéreraient, il est vrai, en désordre, mais faciles à prévenir, et si naturels à une foule de petits enfans placés vis-à-vis les uns des autres, et qui n'ont rien de mieux à faire que de s'amuser. Ainsi, au lieu d'aider au développement de la nature, si agissante dans les enfans en bas âge, et de lui donner une heureuse direction, on la contrarie et on la comprime; on aigrit et on fausse le caractère en le tourmentant sans cesse injustement. Pour échapper à cette pénible contrainte et adoucir leur triste situation, les enfans perdent bientôt leur naïveté et leur franchise; ils deviennent peu à peu malins, menteurs, hypocrites et méchans; le maître et tout ce qui sort de sa bouche, religieux ou profane, leur devient également insupportable. Après s'être traînés ainsi cinq, six ou sept ans dans l'école, ils la quittent enfin; mais ils n'y ont puisé qu'une mauvaise instruction, et n'en emportent que dégoût pour le travail, indifférence ou mépris pour toute sorte de devoirs, et trop souvent de honteuses et funestes habitudes.

Suppression de la méthode d'enseignement individuel dans les écoles.

147. Nous ajouterons, et c'est un avertissement que nous donnons aux instituteurs, que la méthode d'enseignement individuel est si défectueuse, qu'elle sera bientôt bannie des écoles publiques. L'Université, nous n'en doutons pas, soumettra un jour à un nouvel examen les maîtres qui la pratiquent, et ne leur continuera l'exercice de leurs fonctions que lorsqu'ils sauront appliquer les méthodes de l'enseignement simultané ou mutuel. Nous fondons notre assertion sur l'invitation faite aux recteurs de ne rien négliger pour les introduire dans les écoles

parvient quelquefois à imposer, par de mauvais traitemens, aux élèves qu'il ne sait point occuper. La discipline est moins l'exactitude et la sévérité à punir les fautes que l'art de les prévenir.

primaires, et sur les dispositions mêmes de l'ordonnance royale, d'après laquelle les recteurs sont invités à fixer, dans leur académie respective, une époque passé laquelle il ne sera plus délivré de brevet de premier degré qu'à ceux qui, outre l'instruction requise, posséderont les meilleures méthodes d'enseignement primaire. Déjà, d'après un arrêté du 23 mars 1818, aucun instituteur primaire du troisième degré ne peut être autorisé à s'établir dans Paris, et il est à croire que cet arrêté sera étendu dans chaque académie aux villes un peu considérables des départemens.

(Circulaires du 16 janv. 1819 et du 31 janv. 1829.)

Ainsi, au bien des élèves se joint l'intérêt du présent et de l'avenir des maîtres, pour les déterminer à abandonner l'enseignement *individuel*, et à appliquer dans leur école l'enseignement simultané ou l'enseignement mutuel.

Moyens de s'instruire des bonnes méthodes.

148. Pour faciliter les moyens de s'instruire aux instituteurs qui exercent déjà, comme pour en former de nouveaux, l'autorité a établi, ainsi que nous l'avons dit, dans chaque académie, un certain nombre de classes normales et d'écoles-modèles, choisies parmi les écoles d'enseignement simultané et d'enseignement mutuel. Mais les instituteurs qui sont trop éloignés de ces écoles-modèles, peuvent aller assister aux leçons d'autres écoles plus voisines, jusqu'à ce qu'ils soient instruits des procédés qu'on y emploie; et pour ne pas interrompre leurs classes, ils donneront vacance, pendant quelque temps, le mercredi. Nous avons lieu de croire que ceux des instituteurs qui auraient assez de zèle pour suivre ces conseils, trouveraient toute sorte d'encouragemens auprès de l'autorité universitaire.

CHAPITRE VI.

§ I.

149. — RÉGLEMENT POUR LES ÉCOLES PRIMAIRES [1].

Du local et du mobilier.

1. L'INSTITUTEUR doit avoir, pour tenir sa classe, une salle vaste, bien éclairée, bien aérée, et telle surtout que la disposition des fenêtres permette de renouveler l'air facilement. Il fera constater par le comité ou par les surveillans spéciaux que son local convient à l'établissement d'une école.

Il serait à désirer que le local renfermât une cour pour réunir les élèves avant la classe, et les garder ensuite en récréation.

2. Il sera placé dans l'école, en vue des élèves, un Christ et un buste du Roi, avec cette inscription : *Domine salvum fac regem.*

3. Au fond ou à l'entrée de la salle, et en face des élèves, il y aura une estrade sur laquelle sera la table du maître. L'estrade sera assez élevée pour que l'instituteur assis puisse voir toute la classe.

4. Les tables doivent être larges d'environ un demi-mètre (18 pouces), et disposées parallèlement à la table du maître.

Les instituteurs éviteront de se servir de tables larges sur lesquelles peuvent se placer deux rangs d'élèves, parce que la surveillance est beaucoup plus difficile lors-

(1) Quoique ce réglement ne soit pas ainsi rédigé dans les actes de l'Université, presque tous les articles n'en sont pas moins prescrits par elle, et par conséquent obligatoires.

On a eu soin de marquer d'une * tous les articles qui pourraient composer un réglement pour les élèves ; le reste est particulier à l'instituteur.

que les élèves sont en face les uns des autres que quand ils sont tous en face du maître.

Les bancs devront être attachés aux tables, et le tout, s'il est possible, scellé dans le plancher.

5. A des distances convenables, il y aura, sur le bord de la table opposé aux élèves, des trous pour placer des encriers : il suffit qu'il y en ait une entre deux élèves.

Sur ce même bord et dans le sens de la longueur de chaque table, seront placés deux liteaux perpendiculaires auxquels on attachera un cordon pour suspendre les modèles d'écriture.

Le maître aura soin d'attacher aux murs des cartons où seront écrits en grosses lettres les principaux devoirs que les enfans ont à remplir.

7. Il y aura un ou plusieurs grands tableaux noirs sur lesquels les élèves calculeront avec de la craie blanche.

Sur une partie du mur approprié à cet effet ou sur des tableaux, le maître trace les mesures usuelles, la table de multiplication, les figures géométriques les plus communes, une carte de France, la topographie du canton, etc.

8. Dans une partie du mur, à la hauteur des élèves, on mettra des chevilles ou des clous auxquels les enfans placeront leurs chapeaux, dès leur entrée en classe.

9. La salle doit être balayée tous les jours[1]; il faudra avoir soin, même en hiver, de laisser les fenêtres ouvertes pendant l'intervalle des leçons.

(1) Dans les écoles des Frères, des élèves sont chargés tour à tour de balayer la salle, d'essuyer les bancs, etc. On peut suivre le même usage dans les écoles gratuites.

10. La disposition des lieux d'aisance doit être la plus avantageuse qu'il est possible pour la surveillance. On placera dans la salle d'étude, en vue de tous les élèves, une petite planche qui indiquera s'il y a ou non un élève aux lieux, par ces mots, d'un côté *sorti* et de l'autre *rentré*.

11. L'instituteur tiendra un registre d'inscription des élèves de son école, et aura soin de remplir des colonnes semblables au modèle suivant :

REGISTRE DES ÉLÈVES.

DATE de l'entrée	NOMS et prénoms de l'élève.	Age.	PROFESSION et demeure des parens.	CLASSE dans laquelle l'élève a été admis.			CLASSE * dans laquelle il est actuellement.												NOTES SUR LA CONDUITE pendant le trimestre.				OBSERVATIONS.
							Lecture.				Ecriture.				Calcul.								
				Lecture.	Ecriture.	Calcul.	1er tr.	2e tr.	3e tr.	4e tr.	1er tr.	2e tr.	3e tr.	4e tr.	1er tr.	2e tr.	3e tr.	4e tr.	1er.	2e.	3e.	4e.	

* On indiquera dans la même forme les autres matières dont on s'occupera dans l'école.

12. Au-dessus de la porte de la maison où est l'école, l'instituteur fera placer un tableau sur lequel sera écrite l'annonce suivante :

Instruction publique.

École primaire du   degré, dirigée par M.   , où l'on enseigne   (*On rapportera ici l'enseignement correspondant du brevet de capacité.*)

§ II.

2° DISCIPLINE.

* 13. *Dispositions générales.* Le réglement des écoles primaires sera collé sur une planche et placé contre le mur, dans l'intérieur de l'école [1].

* 14. En général, et sauf les exceptions que détermine chaque comité, la classe durera depuis huit heures du matin jusqu'à onze heures, et le soir, depuis une heure jusqu'à quatre, pendant l'hiver.

* Elle aura lieu depuis sept heures du matin jusqu'à onze, et depuis une heure jusqu'à cinq, pendant l'été.

Après la classe du soir, l'instituteur conduira, pendant l'éte, les élèves en promenade jusqu'à sept heures, toutes les fois que cela lui sera possible. Ne seront dispensés de la promenade que ceux des élèves qui seraient demandés par leurs parens. Ces derniers en feront la demande expresse à l'instituteur. On évitera ainsi le danger du désœuvrement des élèves pendant une partie de la journée.

* 15. Les enfans admis à l'école doivent être âgés de cinq ans au moins et produire un certificat constatant

(1) Il s'agit ici du réglement adressé officiellement par le recteur ou le comité; ou à défaut, de celui qui se composerait des articles marqués *. Cet extrait, imprimé sur grande feuille, se trouve chez L. Hachette, libraire, rue Pierre-Sarrazin, n. 12.

qu'ils ont été vaccinés ou qu'ils ont eu la petite vérole naturelle.

(Circulaires du 12 sept. 1810 et du 6 juin 1817.)

* 16. Le maître choisira, parmi les élèves les plus sages, les plus assidus et les plus intelligens, plusieurs surveillans qui le seconderont dans tous les exercices.

Ces élèves seront nommés devant tous leurs camarades. Ils seront chargés chacun de la surveillance de leurs tables respectives: ils noteront les élèves qui ne se conduiraient pas bien; mais ils ne se permettront ni de parler ni de sortir de leur place.

Outre les surveillans de chaque table, le maître nomme un surveillant général, qui n'exerce ses fonctions qu'en l'absence du maître.

* 17. Les livres, les cahiers et les modèles devront être mis en place, et les plumes taillées avant l'entrée des élèves. Pour cela, le maître est secondé par les surveillans de chaque table, qui se rendent à l'école une demiheure avant la classe.

* 18. Chaque élève en entrant salue le maître, va placer son chapeau à la cheville ou au clou qui lui a été assigné, et au-dessus duquel sera écrit son nom. Il va ensuite s'asseoir en silence à son banc.

Les élèves ne peuvent garder leur chapeau sur la tête, sans la permission du maître, qui ne l'accorde que dans le cas d'indisposition.

* 19. A l'heure de l'ouverture de l'école, le maître examine si tous les élèves sont arrivés, et pour mieux s'en assurer, sans perdre son temps à un appel, il fait noter les absens par le surveillant de chaque table.

Tout élève qui, sans raison jugée légitime, ne se rend pas à l'heure, doit être puni.

* 20. Après que les élèves sont réunis, à un signal donné, ils se mettent à genoux, et le maître fait ou fait

faire les prières prescrites au commencement de chaque classe. Il aura soin de charger tour à tour les élèves de dire les prières à haute voix.

Ils font aussi les prières ci-après indiquées pour la fin des classes.

* 21. Après la prière, le maître fait ou fait faire par les surveillans, tous les matins, l'inspection pour la propreté; il exige que les élèves se lavent tous les jours la figure et les mains, et que leur tenue soit aussi propre qu'il est possible. Si les élèves entrent dans la salle les uns après les autres, et à des intervalles suffisans, le maître peut faire l'inspection à mesure qu'ils arrivent.

* 22. Lorsque le curé, le maire, etc., un étranger quelconque entre dans la classe, les élèves doivent saluer et se tenir debout jusqu'à ce que le maître leur dise de s'asseoir.

Le maître s'étudiera à donner à ses élèves un extérieur décent et honnête.

Il est défendu aux élèves de parler patois, même pendant la récréation, et de proférer aucune parole grossière.

* 23. Toute espèce de marché et d'échange entre les élèves ne peut avoir lieu sans permission. Le maître observera surtout qu'il n'y ait ni cadeau ni échange entre les surveillans et les élèves.

* 24. Il est défendu d'apporter en classe aucuns livres autres que ceux qui sont en usage dans l'école; ils devront être visés par un des membres du comité ou l'un des surveillans spéciaux.

* 25. Il est défendu aux élèves de parler ou de sortir de leur place, sans permission.

* 26. Ils ne peuvent aller aux lieux que l'un après l'autre, et quand le *petit tableau* indiquera qu'il n'y a personne.

* 27. Tout élève qui aura manqué la classe, sera puni, s'il n'apporte un billet d'excuse de ses parens.

* 28. A leur sortie, les élèves se divisent suivant le quartier qu'ils habitent; ces divisions sortent les unes après les autres, sous la surveillance d'un élève nommé *conducteur;* et, comme les élèves d'enseignement mutuel, ils ne se séparent qu'à mesure qu'ils arrivent chez eux.

* 29. Tous les lundis, après la prière du matin, il sera fait lecture à haute voix du réglement de l'école.

30. Le maître ne doit pas tutoyer les élèves, ni se familiariser avec eux, quoiqu'il doive cependant leur porter beaucoup d'affection.

31. Autant que possible, le maître doit s'abstenir de parler pour les divers commandemens, et remplacer la parole par des signes, comme on le pratique dans les écoles des Frères et d'enseignement mutuel.

32. Un médecin honoraire des écoles du canton [1] fait la visite dans l'école au moins une fois le mois, et s'assure qu'il n'y a aucun enfant atteint de maladies contagieuses. Les élèves qui seraient dans ce cas ne pourraient rentrer à l'école qu'après avoir obtenu un certificat du médecin qui constate leur parfaite guérison.

* 33. Congés. L'instituteur tiendra école cinq jours de la semaine; mais les classes vaqueront les dimanches et les jours de fêtes conservées.

Il y aura de plus les congés suivans:

Le jour des fêtes locales.

Les jeudi, vendredi et samedi saints.

Les lundis de Pâques et de Pentecôte.

Le premier jour de l'an.

Le jour de la fête du Roi.

(1) Chaque comité nomme un médecin honoraire des écoles du canton. Il est à présumer que plus d'un médecin sera jaloux d'accepter ce titre et ces fonctions gratuites.

Le 25 août, jour de la Saint-Louis.

Le 21 janvier, jour de deuil, les classes seront fermées.

* 34. Les classes dureront toute l'année, excepté à l'époque des vendanges ou d'une autre récolte principale; il y aura alors quinze à vingt jours de vacances.

35. Récompenses. L'instituteur s'attachera, dans tous les exercices, à exciter l'émulation; mais il accordera toujours avec réserve les récompenses, pour ne pas en diminuer le prix; et pour quelque considération que ce soit, il ne les accordera jamais qu'à ceux qui les auront méritées.

* 36. Tout élève dont la conduite, pendant la semaine, n'aura mérité que des éloges, obtiendra un billet de *satisfaction* n° 1.

Ceux des élèves qui, remplissant la condition ci-dessus, auront été le plus souvent premiers ou seconds, obtiendront un billet n° 2.

Ces billets peuvent servir d'exemption pour des fautes légères.

Ils sont de la forme suivante [1].

ÉCOLE DU	DEGRÉ.
M.	*Instituteur.*
BILLET DE SATISFACTION, N°.	
Pour M.	*(nom et prénoms de l'élève).*
(Signé	*)* instituteur.

* 37. Les élèves qui auront été le plus souvent premiers, auront en outre la croix ou un ruban vert, qu'ils porteront pendant toute la semaine.

(1) On peut se procurer des billets imprimés à un prix modique, chez L. Hachette, libraire, rue Pierre-Sarrazin, n. 12.

* 38. Le dimanche matin, lorsque les élèves seront réunis pour se rendre à la messe, l'instituteur lira le registre des récompenses, et affichera dans l'école une liste d'honneur, sur laquelle seront nommés ceux qui auront mérité les croix et les rubans, ou les billets de satisfaction.

La distribution de ces récompenses se fera dans cette réunion.

* 39. Tous les mois, après l'examen général dont il sera parlé plus tard, les noms de ceux qui se sont le plus distingués seront mentionnés sur un registre : une copie sera adressée au comité ou au surveillant spécial, et une autre affichée dans l'école pendant tout le mois.

REGISTRE DES RÉCOMPENSES.

DATE.	NOM DE L'ÉLÈVE.	PLACES OBTENUES.	RÉSULTAT DES EXAMENS, ET GENRE DE RÉCOMPENSE.

40. Lors de la visite de l'école par un des membres du comité, par un des surveillans spéciaux, ou par l'inspecteur de l'académie, ce registre leur sera présenté; et quand l'Université ou la commune aura à distribuer quelques récompenses, les notes du registre seront consultées.

Si le maître a été content de son école pendant tout le mois, il pourra être accordé un demi-congé par mois. Le maître conduira cette après-midi les élèves à la promenade.

Si la commune donne quelques fonds pour l'encouragement de l'école, il sera fait une distribution annuelle de prix.

41. Punitions. C'est en occupant constamment tous les élèves, même les plus jeunes, c'est en exerçant pendant tout le temps de la classe une surveillance infatigable, que le maître parviendra à maintenir l'ordre et la discipline sans beaucoup de punitions. Leur emploi habituel et trop fréquent dénote une mauvaise direction, et l'on peut dire, en général, que les écoles où l'on punit le plus souvent sont les plus mauvaises.

Par *punition*, on doit entendre tout ce qui est capable de faire sentir aux enfans la faute qu'ils ont commise, de leur donner de la confusion et du regret, et de servir par là d'expiation pour le passé et de préservatif pour l'avenir.

L'instituteur mettra toute son attention à varier ses punitions, même pour des fautes semblables, afin d'appliquer celle qui conviendra le mieux au caractère de chaque enfant.

Un bon moyen de prévenir les punitions ou de les rendre plus sensibles est celui-ci : lorsqu'un élève vient à faillir, le maître lui indique, parmi les maximes écrites sur les cartons attachés au mur, celle qu'il a violée, et la lui fait lire à haute voix.

42. Le maître doit veiller attentivement sur lui-même quand il infligera une punition, pour ne jamais se laisser aller à la colère, ni donner aux élèves des noms injurieux ; il sera sévère, mais calme ; inflexible, mais sans dureté.

43. L'indiscipline, l'inapplication et la mauvaise conduite, seront punies chez tous les élèves, mais plus sévèrement dans les élèves surveillans, qui doivent le bon exemple à leurs camarades.

44. Toute punition corporelle est interdite. Les punitions autres que celles qui suivent devront être approu-

vées par le recteur, sur la proposition du comité.

1° — La perte de la place obtenue dans les divers exercices.

2° La privation ou la restitution d'un ou de plusieurs billets de satisfaction.

3° La radiation du nom de l'élève de la liste d'honneur.

4° La suspension ou la révocation des fonctions de surveillant.

5° La privation d'une partie ou de la totalité des récréations, avec une tâche extraordinaire.

6° L'écriteau de menteur ou d'indiscipliné, de bavard, de paresseux, etc., etc., désignant la nature de la faute. Ces écriteaux, collés sur de petites planches de sapin ou sur des cartons, sont passés au cou de l'élève avec un cordon et retombent sur le dos.

7° La mise à genoux pendant une partie de la classe ou de la récréation.

8° La retenue à l'école pendant l'intervalle des classes et sous une surveillance spéciale; dans ce cas, un élève est chargé de prévenir les parens de celui qui est puni.

9° La prison, qui sera une chambre suffisamment éclairée, facile à surveiller, où l'élève aura toujours à faire une tâche extraordinaire.

Il ne pourra jamais y avoir qu'un seul élève dans chaque prison.

10° L'exclusion provisoire de la classe.

11° L'exclusion définitive. Dans ce cas, l'élève exclus ne pourra être admis dans aucune autre école, sans une autorisation particulière des surveillans spéciaux des écoles.

§ III.

RELIGION [1].

45. La fin qu'on se propose dans l'éducation des enfans, n'est pas seulement de leur enseigner à lire, écrire, calculer, etc., etc., mais encore de les instruire des vérités du salut et de leur donner une éducation chrétienne qui les mette en état de remplir tous leurs devoirs envers Dieu; ce qui comprend leurs devoirs envers leurs parens, envers les autres hommes, envers eux-mêmes.

Tous les exercices de piété prescrits pour les écoles, et suivis ponctuellement, ne produiraient pas les résultats qu'on a droit d'en attendre, si l'instituteur ne remplissait lui-même ses devoirs, ce qui est pour les enfans un exemple plus salutaire que les leçons.

La confiance où l'instituteur pourrait être que les parens donnent aussi leurs soins à l'instruction religieuse de leurs enfans, ne devra ni diminuer, ni ralentir son zèle.

* 46. Dans chaque école, les exercices religieux sont dirigés d'après les instructions et sous la surveillance du curé de la paroisse.

47. Avant et après chaque classe, tous les élèves étant à genoux, l'un d'eux ou l'instituteur fait à haute voix les *prières indiquées* pour les écoles du diocèse. La classe du matin commencera par le *Sub tuum præsidium;* la classe du soir commencera par le *Veni, sancte Spiritus,* et elle se terminera par la prière pour le Roi, *Domine, salvum fac regem.*

L'instituteur exerce les élèves à chanter cette dernière

(1) Ce chapitre recevra pour les écoles non catholiques les modifications qu'exige la différence de religion (*Voy.* pag. 31, chap. II).

prière, et, s'il possède le plain-chant, il leur en donnera des leçons.

* 48. Le samedi de chaque semaine et la veille des fêtes, les élèves lisent à haute voix, ou récitent de mémoire l'évangile du jour suivant.

*49. Les dimanches, jeudis et jours de fêtes, les élèves se réunissent à l'école, et l'instituteur les conduit, en ordre et sous l'inspection des élèves surveillans, aux offices de l'église de la paroisse, à la place qui leur a été assignée par le curé.

Tous les élèves qui peuvent lire doivent avoir un livre d'offices à l'usage du diocèse.

50. Durant tout le cours d'études, et principalement vers l'époque de la première communion, l'instituteur conduit ou fait conduire les élèves au catéchisme; il fera en sorte que les heures de classe se concilient avec celles du catéchisme.

La veille des jours de catéchisme, ou le matin même, l'instituteur fera réciter aux élèves les chapitres sur lesquels ils seront interrogés.

* 51. L'instituteur aura soin de conduire, chaque trimestre, les élèves assez âgés à l'église pour la confession. Il prendra pour cela le jour et l'heure que le curé assignera. Il aura soin de ne pas laisser les élèves seuls, pour éviter les petits désordres que pourraient commettre, même dans l'église, des élèves livrés à eux-mêmes.

52. Les instituteurs donneront une attention particulière aux progrès des élèves dans l'instruction religieuse; ils profiteront de toutes les occasions qui se présenteront pour apprendre aux élèves ce qu'ils doivent à Dieu, à leurs parens, au roi, et à leur pays.

Les surveillans spéciaux donnent aussi dans leurs visites et dans leurs rapports adressés au comité une attention particulière à ces objets importans.

§ IV.

INSTRUCTION.

53. L'instruction que les élèves reçoivent doit être fondée sur la religion, le respect pour les lois et l'amour dû au souverain légitime.

54. L'enseignement doit être conforme au degré du brevet de capacité accordé à l'instituteur; il lui est enjoint de la manière la plus expresse de se renfermer dans les limites de l'instruction primaire déterminée par son brevet.

(Arrêté du 5 décembre 1820, art. 6.)

55. Lecture. Les instituteurs doivent s'instruire des meilleures méthodes de lecture, et ne pas s'en tenir à l'ancienne épellation, extrêmement défectueuse, et qui retarde de beaucoup les progrès des élèves [1].

Le maître s'attachera aussi à donner aux enfans une prononciation nette et distincte; il ne suffira pas qu'un élève lise des mots, il faudra encore qu'il en fasse sentir les accens, qu'il s'arrête à la ponctuation.

C'est un reproche qu'on peut adresser à beaucoup de maîtres, de négliger entièrement ces objets; leurs élèves lisent avec une si grande rapidité et une prononciation si mauvaise, qu'on ne peut comprendre ce qu'ils disent.

Il s'attachera encore à corriger les élèves des intonations vicieuses qu'ils contractent ordinairement, et il les habituera à prendre peu à peu dans leurs lectures le ton convenable au sujet dont il s'agit.

(1) Le maître peut étudier à ce sujet la Méthode de Viard; la Citolégie, par M. Dupont, instituteur primaire, etc. — Se trouvent chez L. Hachette, libraire, rue Pierre-Sarrazin, n. 12, à Paris.

La Statilégie de M. Laffore, les méthodes de MM. Mialle, Clerc et Maître.

* 56. Les élèves seront divisés en plusieurs classes de lecture, selon la méthode qui sera suivie.

Chaque classe pourra avoir des subdivisions, soit à raison du nombre des élèves, soit à cause des degrés de force très différens.

Quelques-unes pourraient être confiées aux élèves les plus sages et les plus intelligens.

57. Tous les élèves d'une même classe doivent avoir les mêmes livres et étudier les mêmes leçons. Lorsque les parens ne peuvent pas acheter des livres uniformes, l'instituteur doit se procurer une collection de tableaux de lecture qu'il collera sur des cartons, et sur lesquels liront tous les élèves d'une classe groupés autour de ces tableaux [1].

58. Pour la lecture des manuscrits, on leur fera lire de préférence des manuscrits ou cahiers lithographiés, contenant les choses qu'il leur sera utile de connaître dans la suite de leur vie, comme des *quittances, baux, marchés, devis, mémoires d'ouvrages*, ou bien renfermant des notions élémentaires sur *l'histoire naturelle, l'agriculture, les arts et les métiers*, etc.

On sent combien il est plus intéressant et plus profitable pour les enfans de lire des manuscrits semblables, que de vieux parchemins, de vieux actes, contrats, procès, etc. [2]

59. Le maître appelle auprès de lui tous les élèves d'une même classe; pendant ce temps-là, toutes les autres classes sont occupées à diverses études.

(1) La collection de ces tableaux de lecture se vend chez Colas, rue Dauphine, n. 32, et Hachette, rue Pierre-Sarrazin, n. 12.

(2) On pourra ainsi placer dans les mains des enfans le *fac simile* d'Henri IV, de Sully, de Fénélon, de Bossuet, de Louis XIV, enfin de nos grands hommes et de nos rois. — Ces cahiers et les tableaux lithographiés se trouvent à Paris, chez les mêmes libraires.

Il range les élèves en demi-cercle devant lui, d'après l'ordre de mérite qu'ils avaient à la fin de la dernière lecture.

Le premier fait, à demi-voix, lecture d'un mot ou d'une phrase, puis le troisième, ainsi de suite jusqu'au dernier, et en même temps tous les autres élèves suivent attentivement sur leurs livres.

Lorsqu'un élève se trompe, le maître ne reprend pas, il passe au suivant qui doit relever la faute; si ce dernier se trompe, on passe à l'élève qui vient apres lui, ainsi de suite. L'élève qui reprend les autres, prend la place de celui qui s'est le premier trompé.

Le maître ne reprend lui-même que lorsqu'aucun des élèves ne sait, et il a soin, dans tous les cas, de faire répéter le mot ou la phrase à tous ceux qui les disent mal.

Si l'instituteur remarque quelque inattention dans ceux qui, en suivant l'ordre accoutumé de lecture, doivent laisser lire plusieurs élèves avant eux, il peut interrompre cet ordre et passer de suite à l'élève qui paraît le plus attentif.

60. Outre les différentes manieres de faire lire que l'instituteur peut connaître, il leur fera faire des décompositions de mots déjà lus et que les élèves n'auront pas sous les yeux. Ils en diront une syllabe chacun, et ensuite ils en nommeront les lettres les unes après les autres. Cet exercice devra être pratiqué dans les leçons d'orthographe, parce que c'est un des meilleurs moyens d'apprendre aux enfans l'orthographe des mots.

61. Les élèves de la première et de la seconde classe ne pouvant lire qu'autant qu'on leur désigne les lettres ou les syllabes, devront lire sur un des tableaux dont nous avons parlé. Ces mêmes élèves ne pouvant étudier après avoir reçu leur leçon, ont encore besoin de lire plusieurs

fois par séance ; en conséquence, le maître chargera de ce soin des élèves des classes supérieures.

Les élèves-maîtres suivront, pour la lecture dans leur subdivision, le procédé que nous avons indiqué plus haut.

62. A la fin de la lecture de chaque division, le premier et le second de chaque classe reçoivent un billet de *premier* et de *second* qu'ils gardent jusqu'à la prochaine lecture [1].

L'instituteur tient note sur un registre des premiers et des seconds de chaque classe.

63. ÉCRITURE. Les modèles d'écriture faits par les maîtres, ou gravés, ou lithographiés, ne doivent contenir que des choses utiles aux enfans, notamment les dogmes et les préceptes de la religion, les règles les plus essentielles de la morale, les traits de l'histoire de France les plus propres à faire aimer l'auguste dynastie des Bourbons et connaître les personnages célèbres par leurs vertus. Les modèles d'écriture sont en conséquence visés par un membre du comité, ou par un des surveillans spéciaux.

64. Les maîtres qui ne donnent point de modèles, mais qui écrivent *deux fois* le jour une ligne pour modèle, en tête de la page que doit faire l'élève, ne font pas attention, 1° qu'un modèle ainsi écrit à la hâte est souvent défectueux; 2° que ce modèle insignifiant n'est point instructif; 3° que le maître perd beaucoup de temps à ce travail, et que la surveillance et la correction sont ainsi négligées. Avec des modèles écrits d'avance ou lithographiés, les instituteurs éviteront les inconvéniens dont nous venons de parler.

(1) Ces billets sont collés sur un très petit morceau de carton attaché à un cordon que l'élève passe à son cou et laisse retomber sur la poitrine, ou bien il l'attache à la boutonnière. — Se trouvent chez Colas, et chez L. Hachette, à Paris.

65. Pour l'écriture, les élèves sont divisés en plusieurs classes [1].

66. Les élèves d'une même classe d'écriture peuvent faire partie de différentes classes de lecture.

67. Tous les élèves de la même classe copient des modèles qui présentent des difficultés semblables.

L'instituteur n'oubliera pas que l'écriture *expédiée* est le but que doivent atteindre tous les élèves; il ne perdra pas de vue qu'il est moins chargé de former des maîtres d'écriture que de donner à ses élèves une écriture nette et lisible, qu'ils puissent tracer couramment et sous la dictée. Il aura donc soin de faire passer les élèves successivement par les différentes classes, de manière qu'avant de quitter l'école, ils aient, au moins, six mois de pratique dans la dernière classe.

68. Les dictées, dans la dernière classe, consisteront en maximes de religion, traits d'histoire et de morale, promesses, quittances, marchés, comptes, obligations, etc.

69. Les élèves des premières classes de lecture ne pouvant être suffisamment occupés par un seul exercice, et d'ailleurs l'expérience ayant démontré combien l'exercice de l'écriture facilite les progrès dans la lecture, les élèves dont il s'agit devront, quel que soit leur âge, composer la première classe d'écriture. Pour épargner aux parens la dépense de papier, plumes et encre, à laquelle un grand nombre se refuserait peut-être, l'instituteur les invitera à procurer à leurs enfans: 1° Une ardoise

(1) Depuis quelque temps l'écriture a fait des progrès extraordinaires. Les instituteurs devront s'instruire des meilleures méthodes; celles de Carstairs et de Lavaud ont été approuvées par le conseil royal de l'instruction publique, etc. — Se trouvent chez L. Hachette, rue Pierre-Sarrazin, n. 12.

Nous ne pensons pas qu'il soit nécessaire d'exercer long-temps, comme c'est l'usage, les enfans à faire des *barres*. Il sera tout aussi utile et moins ennuyeux de leur faire faire des lettres, ou autres exercices.

coûtant 35 centimes; 2° un porte-crayon de cuivre de 15 centimes; 3° vingt-cinq à trente crayons pour 50 c.: ce qui fait pour la première année une dépense d'un franc. Si l'élève a su conserver l'ardoise et le porte-crayon, il suffira d'acheter l'année suivante pour 50 c. de crayons. Ces élèves écriront sur leurs ardoises des lettres, des syllabes ou des mots qu'un élève d'une classe supérieure leur nommera: cet exercice hâte leurs progrès dans la lecture, en même temps qu'il a l'avantage d'exercer la main des élèves et de les tenir occupés d'une manière agréable.

On peut aussi faire écrire les enfans sur le sable, comme dans les écoles d'enseignement mutuel [1].

70. Après avoir fait lire toutes les classes, le maître s'occupe de la correction de l'écriture; il commencera par celles qui ont lu d'abord, parce qu'elles ont pu écrire les premières.

Il fait disposer tous les cahiers d'une même classe sur une même ligne; il fait ensuite des observations comparatives et des corrections sur les divers cahiers, de manière qu'elles soient entendues et vues de tous les élèves.

S'il n'a pas le temps de corriger les petites classes qui écrivent sur l'ardoise ou le sable, l'élève qui dicte peut être chargé de ce soin. Cela sera d'autant plus nécessaire, que ces commençans ont besoin de fréquentes corrections.

71. Dans la correction des cahiers de la dernière classe, l'instituteur s'occupera beaucoup de l'orthographe.

(1) Quoique toutes ces dispositions ne soient pas applicables aux écoles d'enseignement mutuel, nous indiquerons ici une amélioration pour la classe qui écrit sur le sable. C'est un crayon de bois garni d'une pointe de fer, sur lequel on a fait trois entailles destinées à recevoir les trois doigts. Ce crayon a l'avantage d'habituer facilement l'élève à tenir la plume, et de permettre au moniteur de s'occuper de l'ensemble de la classe.

72. L'instituteur assigne le rang mérité par chaque élève, et le premier et le second reçoivent, comme à la lecture, des billets de premier et de deuxième.

73. ORTHOGRAPHE. Dans toutes les écoles, il y aura, plusieurs fois la semaine, leçon d'orthographe.

GRAMMAIRE. Dans les écoles du premier ou deuxième degré, l'étude de la grammaire aura lieu tous les jours pour les premières classes.

74. Dans toutes ces classes, on emploiera pour la récitation les procédés analogues à ceux qui sont indiqués pour l'étude du catéchisme et du calcul.

75. CALCUL. Tous les élèves, même les plus jeunes, commenceront le calcul dès leur entrée à l'école. L'usage où l'on est de ne faire écrire et calculer les enfans que lorsqu'ils savent déjà lire, est cause que beaucoup d'entre eux en sortant des écoles écrivent fort mal et ne savent pas calculer. Rien ne s'oppose à ce qu'ils commencent ces trois études en même temps.

76. Dans les exemples de calcul, l'instituteur aura soin de donner des questions qui se présentent souvent, et dont l'application est usuelle [1].

Pour ne pas perdre de temps à dicter les règles, l'instituteur aura des questions écrites qu'il donnera aux premiers de chaque classe : ceux-ci les dicteront à leurs camarades. Mais un élève sera chargé de dicter les chiffres aux plus jeunes, et de les reprendre.

77. Les élèves sont divisés en cinq classes.

Première classe, chiffres et numération.

Deuxième classe, addition et soustraction.

Troisième classe, multiplication.

Quatrième classe, division.

(1) Les instituteurs feront bien de se servir des tableaux d'arithmétique réunis en un grand atlas, composé par M. Jomard, chez Colas, libraire, rue Dauphine, à Paris.

Cinquième classe, fractions, règles de trois, de société, etc., etc.

Les élèves d'une même classe de calcul peuvent faire partie de plusieurs autres classes de lecture ou d'écriture.

78. Après avoir corrigé toutes les classes d'écriture, l'instituteur appelle tour à tour chaque classe de calcul, en commençant par les premières, afin de donner aux autres le temps de faire leurs opérations, qui sont beaucoup plus longues.

Les élèves sont rangés en demi-cercle, et en face d'un grand tableau noir. Chaque élève a son cahier ou son ardoise à la main. L'un d'eux, dont le maître prend le cahier, fait à demi-voix l'opération sur le tableau; les autres suivent et corrigent à mesure les erreurs qu'ils ont commises.

Deux, trois ou quatre élèves peuvent passer l'un après l'autre au tableau, selon le temps que l'instituteur peut donner à chaque élève; il vérifie le cahier de chacun.

Le maître doit suivre ici la même marche que pour la lecture : laisser reprendre les fautes par les élèves, et ne les corriger lui-même que lorsqu'aucun d'eux ne peut répondre.

79. Il aura soin de les exercer à faire beaucoup de calculs de tête; c'est une pratique extrêmement utile.

80. Il assignera les places comme pour les autres études, et le premier et le second recevront des billets de premier et de second.

81. Catéchisme. L'instituteur portera une attention particulière à l'étude du catéchisme; quoique les développemens en soient réservés au curé de la paroisse, il ne se contentera pas de leur faire apprendre le texte, mais il tâchera de le leur faire bien comprendre, ce qui suppose que lui-même mettra tous ses soins à se bien pénétrer des dogmes et des principes de la religion.

Il est, sous tous les rapports, grandement à désirer que l'instituteur de chaque école obtienne de son curé une visite *ad hoc* une fois par mois. Le curé viendrait passer à l'école un après-midi, et cette classe-là serait consacrée à un examen spécial des enfans sur le catéchisme.

82. Les élèves seront partagés en plusieurs classes, selon qu'ils auront fait leur première communion, qu'ils s'y prépareront ou qu'ils seront trop jeunes.

Chaque division sera appelée à son tour pour la leçon de catéchisme. Chaque élève ne dit pas de suite toute sa leçon, mais le premier élève récite une demande qui est répétée par tous ceux qui suivent; le second récite ensuite une nouvelle demande qui est répétée par tous les autres, même par le premier; le troisième récite encore une autre demande qui est répétée, puis le quatrième, etc., etc., de telle sorte que toute la leçon est récitée par chaque élève.

Ce procédé ne demande guère plus de temps qu'il n'en faudrait pour faire réciter séparément la leçon à chaque élève, mais il a sur ce dernier le grand avantage d'exciter l'attention et l'émulation des élèves : il atteint d'ailleurs le véritable but, celui de faire apprendre le catéchisme aux enfans; car l'élève même qui aurait mal étudié sa leçon, ou qui aurait la plus mauvaise mémoire, finirait par la graver dans son esprit en l'entendant réciter autant de fois qu'il y a d'élèves.

83. Les élèves apprendront les demandes et les réponses du catéchisme. Ils s'interrogeront mutuellement.

84. Le maître suivra pour faire réciter le catéchisme le même procédé que pour la lecture. Il laissera les élèves se reprendre, et ne les reprendra lui-même que quand aucun d'eux ne saura. Il aura soin, avant de passer à une autre question, de faire répéter la demande à tous ceux qui ne l'auront pas sue.

85. Quoiqu'il soit indispensable que les élèves sachent lire pour bien étudier le catéchisme, on sent qu'il est utile que les enfans soient instruits de bonne heure des principaux dogmes de la religion. D'ailleurs il arrive souvent dans les écoles, des élèves qui ne savent pas lire, et qui sont dans l'âge de se préparer à la première communion. L'instituteur formera une ou plusieurs classes de tous ces élèves, et pendant qu'il s'occupera des autres, il pourra charger quelques bons élèves de faire réciter le catéchisme aux commençans. Les élèves chargés de ce soin suivent le procédé que nous avons indiqué tout à l'heure.

86. Tous les samedis, les élèves doivent réciter tout ce qu'ils ont appris dans la semaine. Pour abréger le temps que cela demande, le maître choisira un certain nombre d'écoliers les plus sages, qui feront répéter chacun six élèves, et tiendront note des fautes sur un cahier. Mais le maître aura soin de s'assurer que ces répétiteurs s'acquittent bien de leurs fonctions, en faisant réciter lui-même quelques élèves, et en vérifiant ainsi les notes que les élèves ont méritées.

87. Les places sont accordées comme à la lecture, et les deux premiers reçoivent des billets de premier et de second.

88. Dessin linéaire [1]. — Arpentage. — Histoire. — Géographie. Pour l'enseignement de ces parties dans les écoles du premier degré, l'instituteur suivra des procédés à peu près semblables à ceux dont on a parlé jusqu'ici.

89. Examens. Il y aura tous les mois un examen général, en présence des membres du comité ou des surveillans supérieurs. Cet examen, dont on tiendra note,

(1) Traité de dessin linéaire, chez L. Hachette, rue Pierre-Sarrazin, n. 12.

aura pour but de faire passer les élèves assez avancés dans les classes supérieures. C'est ce que le maître fera avec précaution, et sans égard au désir des parens auxquels il fera sentir ce qui est plus avantageux aux élèves.

90. Dans les promotions, l'instituteur aura soin de conserver dans chacune des classes quelques bons élèves qui soient assez forts pour servir de modèles aux autres. Il y réussira sans mécontenter les élèves, en leur faisant observer qu'il vaut mieux être le premier d'une classe inférieure que le dernier d'une classe plus avancée.

NOTA. Les exercices relatifs aux divers ouvrages d'aiguille dans les écoles de filles ne peuvent trouver ici de développemens; ils dépendent de l'âge des élèves et du genre d'industrie propre aux diverses localités. Mais dans toutes les écoles, on peut occuper les élèves des classes les plus avancées à la couture, une heure le matin et une heure le soir. Les comités et les dames institutrices pourront prescrire un réglement spécial à ce sujet pour chacune des écoles [1].

(1) Méthode, pour l'enseignement des écoles de filles, des ouvrages à l'aiguille avec les modèles gravés pour chaque classe. Prix: 60 cent. Chez Colas, libraire, rue Daphiune.

ORDONNANCE DU ROI.

Au château des Tuileries, le 29 février 1816 [1].

LOUIS, par la grace de Dieu, Roi de France et de Navarre,

Sur le rapport de notre ministre secrétaire d'état au département de l'intérieur,

Nous étant fait rendre compte de l'état actuel de l'instruction du peuple des villes et des campagnes dans notre royaume, nous avons reconnu qu'il manque dans les unes et dans les autres un très grand nombre d'écoles, que les écoles existantes sont susceptibles d'importantes améliorations. Persuadé qu'un des plus grands avantages que nous puissions procurer à nos sujets est une instruction convenable à leurs conditions respectives; que cette instruction, surtout lorsqu'elle est fondée sur les véritables principes de la religion et de la morale, est non-seulement une des sources les plus fécondes de la prospérité publique, mais qu'elle contribue au bon ordre de la société, prépare l'obéissance aux lois et l'accomplissement de tous les genres de devoirs; voulant d'ailleurs seconder, autant qu'il est en notre pouvoir, le zèle que montrent des personnes bienfaisantes pour une aussi utile entreprise, et régulariser, par une surveillance convenable, les efforts qui seraient tentés pour atteindre un but si désirable, nous nous sommes fait représenter les réglemens anciens, et nous avons vu qu'ils se bornaient à annoncer des dispositions subséquentes, qui, jusqu'à ce jour, n'ont point été mises en vigueur;

Vu le mémoire de notre commission d'instruction publique, et sa délibération en date du 7 novembre dernier;

Notre conseil d'état entendu,

Nous avons ordonné et ordonnons ce qui suit:

Art. 1er. Il sera formé dans chaque canton, par les soins de nos préfets, un comité gratuit et de charité pour surveiller et encourager l'instruction primaire (*N. O., art.* 2).

2. Seront membres nécessaires de ce comité, le curé cantonnal,

(1) Les articles qui ont subi quelques modifications par les ordonnances postérieures sont suivis des lettres (*N. O.*).

le juge de paix, le principal du collége, s'il y en a un dans le canton (*N. O., art.* 3).

3. Les autres membres, au nombre de trois ou quatre au plus, seront choisis par le recteur de l'académie, d'après les indications du sous-préfet et des inspecteurs d'académie. Leur nomination sera approuvée par le préfet (*N. O., art.* 3) [1].

4. Les membres du comité prendront rang entre eux d'après l'ordre d'ancienneté de nomination; ceux qui seraient nommés le même jour prendront rang d'après leur âge. Le curé cantonnal présidera (*N. O., art.* 3).

5. Le sous-préfet et le procureur du Roi seront membres de tous les comités cantonnaux de leur arrondissement, et y prendront les premières places toutes les fois qu'ils voudront y assister. Dans les villes composées de plusieurs cantons, les comités cantonnaux, sur la demande du recteur, pourront se réunir pour concerter ensemble des mesures uniformes (*N. O., art.* 2).

6. Dans les cantons où l'un des deux cultes protestans est professé, il sera formé un comité semblable pour veiller à l'éducation des enfans de ces communions. Les autorités civiles exerceront sur ces comités la même autorité et la même surveillance que sur les comités formés pour l'éducation des enfans catholiques.

7. Le comité cantonnal veillera au maintien de l'ordre, des mœurs et de l'enseignement religieux, à l'observation des réglemens et à la réforme des abus dans toutes les écoles du canton. Il sollicitera, près du préfet et de toute autre autorité compétente, les mesures convenables, soit pour l'entretien des écoles, soit pour l'ordre et la discipline.

Il est spécialement chargé d'employer tous ses soins pour faire établir des écoles dans les lieux où il n'y en a point.

8. Chaque école aura pour surveillans spéciaux le curé ou desservant de la paroisse et le maire de la commune où elle est située.

Le comité cantonnal pourra adjoindre au curé et au maire, comme surveillant spécial, l'un des notables de la commune, choisi de préférence parmi les bienfaiteurs de l'école.

(1) Cette approbation du préfet ne doit plus avoir lieu, dès que lui-même nomme deux membres de chaque comité.

Dans les communes où les enfans de différentes religions ont des écoles séparées, le pasteur protestant sera surveillant spécial des écoles de son culte.

9. Les surveillans spéciaux visiteront, au moins une fois par mois, l'école primaire qui sera sous leur inspection, feront faire les exercices sous leurs yeux, et en rendront compte au comité cantonnal.

10. Tout particulier qui désirera se vouer aux fonctions d'instituteur primaire, devra présenter au recteur de son académie un certificat de bonne conduite des curés et maires de la commune ou des communes où il aura habité depuis trois ans a moins; il sera ensuite examiné par un inspecteur d'académie, ou par tel autre fonctionnaire de l'instruction publique que le recteur déléguera, et recevra, s'il en est trouvé digne, un brevet de capacité du recteur (*N. O., art.* 9).

11. Les brevets de capacité seront de trois degrés:

Le troisième degré, ou le degré inférieur, sera accordé à ceux qui savent suffisamment lire, écrire et chiffrer pour en donner des leçons;

Le deuxième degré, à ceux qui possèdent bien l'orthographe, la calligraphie et le calcul, et qui sont en état de donner un enseignement simultané analogue à celui des Frères des écoles chrétiennes;

Le premier degré ou supérieur, à ceux qui possèdent, par principes, la grammaire française et l'arithmétique, et sont en état de donner des notions de géographie, d'arpentage et des autres connaissances utiles dans l'enseignement primaire.

12. Chaque recteur fixera, pour son académie, une époque passé laquelle il ne sera plus délivré de brevets du premier degré qu'à ceux qui, outre l'instruction requise, posséderont les meilleures méthodes d'enseignement primaire.

13. Pour avoir le droit d'exercer, il faut, outre le brevet général de capacité, une autorisation spéciale du recteur pour un lieu déterminé.

Cette autorisation spéciale devra être agréée par le préfet (*N. O., art.* 11 *et* 19). [1]

14. Toute commune sera tenue de pourvoir à ce que les enfans

(1) Cette dernière formalité cesse également d'être nécessaire.

qui l'habitent reçoivent l'instruction primaire, et à ce que le enfans indigens la reçoivent gratuitement.

15. Deux ou plusieurs communes voisines pourront, quand les localités le permettront, et avec l'autorisation du comité cantonnal, se réunir pour entretenir une école en commun. Les communes pourront aussi traiter avec les instituteurs volontaires établis dans leur enceinte, pour que les enfans indigens suivent gratuitement l'école.

16. Les communes pourront traiter également avec les maîtres d'école pour fixer le montant des rétributions qui leur seront payées par les parens qui demanderont que les enfans soient admis à l'école.

Dans ce cas, le conseil municipal fixera le montant de la rétribution à payer par les parens, et arrêtera le tableau des indigens dispensés de payer.

17. Le maire fera dresser dans chaque commune et arrêtera le tableau des enfans qui, ne recevant point ou n'ayant point reçu à domicile l'instruction primaire, devront être appelés aux écoles publiques d'après la demande de leurs parens.

18. Toute personne ou association qui aurait fondé une école ou qui l'entretiendrait par charité, pourra présenter l'instituteur: pourvu qu'il soit muni d'un certificat de capacité, et que le comité cantonnal n'ait rien à objecter sur sa conduite, il recevra l'autorisation du recteur (*N. O., art.* 11).

Celui qui aura fondé une école, soit par donation, soit par testament, pourra réserver à ses héritiers ou successeurs, dans l'ordre qu'il désignera, le droit de présenter l'instituteur.

19. Les personnes ou associations et les bureaux de charité qui auraient fondé et entretiendraient des écoles gratuites, pourront aussi se réserver, ou à leurs successeurs, l'administration économique de ces écoles, et donneront leur avis au comité de surveillance sur ce qui concerne leur régime intérieur.

20. Les maîtres des écoles fondées ou entretenues par les communes seront présentés par le maire et par le curé ou desservant, à charge par eux de choisir un individu muni d'un certificat de capacité, et dont la conduite soit sans reproche (*N. O., art.* 11).

21. Si le maire et le curé ou desservant ne s'accordent pas sur le choix, le comité cantonnal examinera les sujets présentés par

chacun d'eux, et donnera son avis au recteur sur celui qui mérite la préférence.

22. Les communes et les fondateurs particuliers pourront donner les places d'instituteurs au concours, et établir la nécessité de ce mode, ainsi que les formalités à y observer.

En ce cas, les concurrens devront d'abord justifier de leurs certificats de capacité et de bonne conduite, et celui qui, par le résultat du concours, aura été jugé le plus digne, sera présenté.

23. Toute présentation d'instituteur sera adressée au comité cantonnal, qui la transmettra, avec son avis, au recteur de l'académie, lequel donnera l'autorisation nécessaire.

24. Lorsqu'un individu muni de brevet de capacité désirera s'établir librement dans une commune à l'effet d'y tenir école, il s'adressera au comité cantonnal, et lui présentera, outre son brevet de capacité, des certificats qui attestent sa bonne conduite depuis qu'il l'a obtenu (*N. O., art.* 9).

Le comité examinera si cette commune n'est point déjà suffisamment pourvue d'instituteurs, et donnera son avis au recteur, comme dans le cas de l'article précédent.

25. Sur le rapport motivé des surveillans spéciaux et l'avis du comité cantonnal, le recteur peut révoquer l'autorisation donnée, pour un lieu déterminé, à un instituteur (*N. O., art.* 16, 17 *et* 19).

26. Le comité cantonnal peut aussi provoquer d'office cette révocation de la part du recteur (*N. O., art.* 16, 17 *et* 19).

27. S'il y a urgence, et dans le cas de scandale, le comité cantonnal a le droit de suspension (*N. O., art.* 16).

28. Le recteur peut même retirer le brevet de capacité à un instituteur (*N. O., art.* 18 *et* 19).

29. Le recteur et les inspecteurs d'académie, dans leur tournée, donneront la plus grande attention à l'instruction primaire; ils réuniront les comités cantonnaux, et se feront rendre compte des progrès de cette instruction. Ils visiteront les écoles autant qu'il leur sera possible.

30. La commission de l'instruction publique veillera avec soin à ce que, dans toutes les écoles, l'instruction primaire soit fondée sur la religion, le respect pour les lois, et l'amour dû au souverain. Elle fera les réglemens généraux sur l'instruction primaire, et indiquera les méthodes à suivre dans cette instruction, et les ouvrages dont les maitres devront faire usage.

31. Les personnes ou les associations qui entretiendront à leurs

frais des écoles, ne pourront y établir des méthodes et des réglemens particuliers.

32. Les garçons et les filles ne pourront jamais être réunis pour recevoir l'enseignement.

33. Au mois de juillet de chaque année, le recteur enverra à la commission de l'instruction publique le tableau général des communes et des instituteurs primaires de son académie, avec des notes suffisantes pour que l'on puisse apprécier l'état de cette partie de l'instruction.

34. Les élèves et les maîtres des écoles primaires sont exempts de tous droits et contributions envers l'administration de l'instruction publique.

35. Il sera fait annuellement, par notre trésor royal, un fonds de cinquante mille francs pour être employé par la commission d'instruction publique, soit à faire composer ou imprimer des ouvrages propres à l'instruction populaire, soit à établir temporairement des écoles-modèles dans les pays où les bonnes méthodes n'ont point encore pénétré, soit à récompenser les maîtres qui se sont le plus distingués par l'emploi de ces méthodes [1].

36. Toute association religieuse et charitable, telle que celle des écoles chrétiennes, pourra être admise à fournir, à des conditions convenues, des maîtres aux communes qui en demanderont, pourvu que cette association soit autorisée par nous, et que ses réglemens et les méthodes qu'elle emploie aient été approuvés par notre commission de l'instruction publique.

37. Ces associations, et spécialement leurs noviciats, pourront être soutenus, au besoin, soit par les départemens où il serait jugé nécessaire d'en établir, soit sur les fonds de l'instruction publique.

38. Les écoles pourvues de maîtres par ces sortes d'associations resteront soumises, comme les autres, à la surveillance des autorités établies par la présente ordonnance.

39. Dans les grandes communes, on favorisera, autant qu'il sera possible, les réunions de plusieurs classes sous un seul maître et plusieurs adjoints, afin de former un certain nombre de jeunes gens dans l'art d'enseigner.

40. Les archevêques et évêques, dans le cours de leurs tour-

(1) Les lois de finances ont consacré des fonds plus considérables à l'instruction primaire : 100,000 fr. ont été alloués pour l'exercice 1829.

nées, pourront prendre connaissance de l'état de l'enseignement religieux dans les écoles du culte catholique. S'ils assistaient au comité central, ils y prendraient la première place.

Les consistoires et les pasteurs exerceront la même surveillance sur les écoles des cultes protestans.

41. Les préfets, sous-préfets et maires conserveront, dans tous les cas, l'autorité et la surveillance administrative qui leur sont attribuées sur les écoles primaires par les lois et réglemens en vigueur.

42. Notre ministre secrétaire d'état au département de l'intérieur est chargé de l'exécution de la présente ordonnance, qui sera insérée au Bulletin des lois.

Donné en notre château des Tuileries, le 29 février, l'an de grâce 1816, et de notre règne le vingt et unième.

Signé LOUIS.

Par le Roi :

Le Ministre Secrétaire d'état au département de l'intérieur,

Signé VAUBLANC.

ORDONNANCE DU ROI

Du 3 avril 1820.

ART. 1er. Les dispositions de notre ordonnance du 29 février 1816 sont applicables aux écoles de filles comme aux écoles de garçons.

2. Toutefois, la surveillance qui est attribuée à la commission de l'instruction publique sur ces dernières écoles est confiée, pour les écoles de filles, aux préfets des départemens (rapporté par l'art. 21 de l'ord. du 21 avril 1828).

3. Les institutrices d'écoles de filles appartenant à une congrégation légalement reconnue, et dont les statuts, et spécialement ceux qui sont relatifs à l'instruction des novices, auront été approuvés par nous, seront assimilées aux Frères des écoles chrétiennes, en ce point que leurs brevets de capacité seront expédiés sur la présentation de leurs lettres d'obédience, et que ces brevets seront déposés dans les mains des supérieures de la congrégation, lesquelles pourront annuler ceux des institutrices qu'elles se verraient obligées d'exclure.

4. Notre ministre, etc., etc......

ORDONNANCE DU ROI

Du 2 août 1820.

LOUIS, par la grace de Dieu, ROI DE FRANCE ET DE NAVARRE, A tous ceux qui ces présentes verront, SALUT.

Sur le compte qui nous a été rendu des avantages qui sont résultés pour l'instruction du peuple de notre royaume, des dispositions prescrites par notre ordonnance du 29 février 1816, et notamment de la surveillance qui est exercée sur les écoles primaires par les comités gratuits et de charité établis dans chaque canton;

Considérant qu'il importe d'encourager le zèle de ces comités, et de faciliter la réunion des membres qui les composent;

Sur le rapport de notre ministre secrétaire d'état de l'intérieur,

Notre conseil d'état entendu,

NOUS AVONS ORDONNÉ ET ORDONNONS ce qui suit:

ART. 1er. Les recteurs se concerteront avec les préfets pour porter chacun de ces comités au nombre de membres proportionné à la population du canton, ainsi qu'au nombre et à l'importance des écoles qui y sont établies. Toutefois ce nombre ne pourra être porté au-delà de douze (*N. O., art.* 2 *et* 3).

2. Lorsque le sous-préfet ou le procureur du Roi assiste aux séances des comités de son arrondissement, il en prend la présidence; en cas de concurrence, la présidence est dévolue au sous-préfet.

3. A Paris, les maires jouissent à cet égard de la prérogative des sous-préfets (*N. O., art.* 3).

4. En l'absence du président de droit, le comité est présidé par celui des membres présens qui est placé le premier sur le tableau.

5. Chaque comité choisit un secrétaire pris parmi ses membres, dont les fonctions sont incompatibles avec celles de président; en son absence, il est remplacé par le plus jeune des membres présens.

6. Ce comité tient une séance par mois, à la fin de laquelle il fixe et inscrit à son procès-verbal l'époque de la séance du mois suivant, ou d'une séance plus rapprochée, s'il le juge nécessaire.

7. La séance ainsi indiquée a lieu sans qu'aucune convocation spéciale soit nécessaire.

8. Le curé cantonnal, président, ou, à son défaut, le juge de paix, et le membre inscrit après eux, ont le droit de convoquer des séances extraordinaires, lorsqu'une circonstance imprévue les rend nécessaires (*N. O., art.* 3) [1].

9. Ce droit appartient également au sous-préfet et au procureur du Roi, et aux inspecteurs d'académie en tournée.

10. Le préfet et le recteur peuvent aussi ordonner à un comité de se réunir extraordinairement pour délibérer sur un objet déterminé; l'un et l'autre doivent veiller à ce que les séances ordinaires se tiennent exactement.

11. Toute séance extraordinaire doit être indiquée par billet à domicile.

12. Dans une séance extraordinaire précédemment indiquée au procès-verbal, ou dans une séance indiquée ou prescrite par l'un des fonctionnaires désignés ci-dessus et notifiée à domicile, il suffit de la présence de trois membres pour qu'une délibération soit valable.

13. Tout membre d'un comité qui, sans avoir justifié d'une excuse valable, n'aura point paru aux séances pendant un an, sera censé avoir donné sa démission, et remplacé dans les formes ordinaires.

14. Tous les ans, à l'époque où les recteurs s'occupent du tableau des instituteurs de leur académie, prescrit par l'article 33 de l'ordonnance du 29 février, ils s'occuperont aussi de vérifier l'état des comités cantonnaux, de compléter ceux où il y aurait des vacances, et de renouveler ceux qui n'auraient pas rempli les fonctions qui leur sont confiées, sans préjudice des remplacemens qui pourront avoir lieu dans le cours de l'année. (*N. O., art.* 3.)

15. La communication des registres des comités ne peut être refusée aux fonctionnaires qui ont le droit de les convoquer.

16. Pour jouir du droit accordé par l'article 18 de l'ordonnance du 29 février aux personnes et aux associations qui auront fondé des écoles, d'en présenter les maîtres, il sera nécessaire que ces personnes ou associations contractent l'engagement légal d'entretenir l'école au moins pendant cinq ans.

(1) Le maire de la ville, qui est inscrit avant le juge de paix, a de même, et à plus forte raison, le droit de convocation.

17. Le droit de révoquer un instituteur légalement établi n'appartient qu'au recteur, lequel est tenu d'observer les formes prescrites par les articles 25 et 26 de notre ordonnance du 29 février (*N. O.*, *art.* 16 *et suiv.*).

18. Notre ministre secrétaire d'état de l'intérieur est chargé de l'exécution de la présente ordonnance.

Donné en notre château des Tuileries, le 2 août, l'an de grâce mil huit cent vingt, et de notre règne le vingt-sixième.

Signé LOUIS.

Par le Roi :

Le Ministre Secrétaire d'état au département de l'intérieur,

Signé SIMÉON.

ORDONNANCE DU ROI

Du 31 octobre 1821 [1].

LOUIS, par la grâce de Dieu, ROI DE FRANCE ET DE NAVARRE,

A tous ceux qui ces présentes verront, SALUT.

Sur le rapport de notre ministre secrétaire d'état de l'intérieur,

Notre conseil d'état entendu,

NOUS AVONS ORDONNÉ ET ORDONNONS ce qui suit :

ART. 1er. Les maisons d'éducation des filles de degrés supérieurs sont, comme les écoles primaires de filles, maintenues sous la surveillance des préfets des départemens (*N. O.*).

2. Aucune école primaire, pension ou institution de filles ne pourra être ouverte, sans que la maîtresse ne soit préalablement pourvue d'une autorisation du préfet du département (*N. O.*).

3. Les sous-maîtresses employées dans ces maisons seront également tenues de se munir d'une pareille autorisation.

4. Une autorisation légalement donnée ne pourra être retirée par nos préfets qu'après qu'il en aura été par eux référé à notre ministre de l'intérieur.

5. Les maîtresses d'écoles primaires, de pensions et institutions de filles, ouvertes sans autorisation, ou qui continueraient de l'être après que l'autorisation aura été retirée, seront pour-

(1) Quoique cette ordonnance concerne plus particulièrement les pensions et institutions de demoiselles, on l'a insérée ici pour compléter ce qui regarde les écoles de filles.

suivies pour contravention aux réglemens de police municipale, sans préjudice des peines plus graves qui pourraient être requises pour des cas prévus dans le Code pénal.

6. Dans tous les cas, soit que notre procureur agisse d'office, soit que la poursuite se fasse à la diligence du préfet, ces fonctionnaires se préviendront réciproquement, et se concerteront pour que les parens ou tuteurs des élèves soient avertis de les retirer.

7. Notre ministre secrétaire d'état de l'intérieur et notre garde-des-sceaux, ministre secrétaire d'état de la justice, sont chargés de l'exécution de la présente ordonnance, qui sera insérée au Bulletin des lois.

Donné en notre château des Tuileries, le 31 octobre, l'an de grâce 1821, et de notre règne le vingt-septième.

Signé LOUIS.

Par le Roi :

Le Ministre Secrétaire d'état au département de l'intérieur,

Signé SIMÉON.

ORDONNANCES DU ROI

Du 1er mai 1822, — Du 17 septembre 1823, — Du 3 décembre 1823.

LOUIS, par la grâce de Dieu, ROI DE FRANCE ET DE NAVARRE,

A tous ceux qui ces présentes verront, SALUT.

ART. 1er. La société (l'association, la congrégation) formée par....., dans le but de fournir des maîtres aux écoles primaires des départemens..... est autorisée, conformément à l'art. 36 de l'ordonnance du 29 février 1816, comme association charitable en faveur de l'instruction primaire. Elle se conformera aux lois et réglemens relatifs à l'instruction publique et notamment aux art. 10, 11 et 13 de notre susdite ordonnance du 29 février 1816, en ce qui concerne l'obligation imposée à tous les instituteurs primaires d'obtenir du recteur de l'Académie où ils veulent exercer le brevet de capacité et l'autorisation nécessaires.

2. Notre conseil royal de l'instruction publique pourra, en se conformant aux lois et réglemens de l'administration publique,

recevoir les legs et donations qui seraient faits en faveur de ladite association et de ses écoles, à charge de faire jouir respectivement soit l'association en général, soit chacune des écoles tenues par elle, desdits legs et donations, conformément aux intentions des donateurs et testateurs.

3. Le brevet de capacité sera délivré à chaque Frère de l'instruction chrétienne de....., sur le vu de la lettre d'obédience qui lui aura été délivrée par le supérieur général.

4. Notre ministre secrétaire d'état de l'intérieur est chargé de l'exécution de la présente ordonnance.

Donné en notre château des Tuileries, le 1er mai de l'an de grâce 1822, 17 septembre 1823 et 3 décembre 1823.

Signé LOUIS.

Par le Roi :

Le Ministre Secrétaire d'état au département de l'intérieur,

Signé CORBIÈRE.

EXTRAIT DE L'ORDONNANCE DU ROI

Du 8 avril 1824.

ART. 12. Les Frères des écoles chrétiennes de Saint-Yon et des autres congrégations régulièrement formées conserveront leur régime actuel. Ils pourront être appelés par les évêques diocésains dans les communes qui feront les frais de leur établissement (*N. O., art.* 10).

13. Les écoles primaires protestantes continueront d'être organisées conformément à l'ordonnance du 29 février 1816. (*N.O., art.* 22.) [1]

14. Les membres des comités chargés de les surveiller seront choisis parmi les notables de leur communion. Cependant le proviseur ou le principal du collége le plus voisin, ou, à son défaut, un délégué du recteur, en fera nécessairement partie.

Signé LOUIS.

Par le Roi :

Le Ministre Secrétaire d'état au département de l'intérieur,

Signé CORBIÈRE.

(1) L'ordonnance du 2 août 1820 n'a pas cessé non plus de régir les écoles protestantes.

ORDONNANCE DU ROI.

Au château des Tuileries, le 21 avril 1828.

CHARLES, par la grâce de Dieu, ROI DE FRANCE ET DE NAVARRE,

A tous ceux qui ces présentes verront, SALUT.

Vu la loi du 10 mai 1806, qui établit sous le nom d'*Université* un corps chargé exclusivement de l'enseignement et de l'éducation publique dans le royaume;

Vu les décrets du 17 mars 1808 et du 15 novembre 1811, les ordonnances du 29 février 1816, du 2 août 1820 et du 8 avril 1824;

Vu le mémoire de notre conseil royal de l'instruction publique;

Sur le rapport de notre ministre secrétaire d'état au département de l'instruction publique;

Considérant que la direction et la surveillance de l'enseignement primaire doivent être soumises à des règles qui concilient les droits de l'autorité civile avec les intérêts de la religion, et qui favorisent le perfectionnement de l'instruction,

NOUS AVONS ORDONNÉ ET ORDONNONS ce qui suit:

ART. 1er. Les ordonnances du 29 février 1816 et du 2 août 1820, concernant l'instruction primaire, seront exécutées dans tout le royaume, sauf les modifications qui suivent en ce qui concerne les écoles catholiques.

2. Il sera formé dans chaque arrondissement de sous-préfecture un comité gratuit pour surveiller et encourager l'instruction primaire.

Néanmoins notre ministre de l'instruction publique pourra, suivant la population et les besoins des localités, établir dans le même arrondissement plusieurs comités dont il déterminera la circonscription.

3. Chaque comité sera composé de neuf membres, savoir:

Un délégué de l'évêque diocésain, ou, à son défaut, le curé de la ville dans laquelle le comité tiendra ses séances; et si dans cette ville il y avait plusieurs curés, le plus ancien d'entre eux; le maire de la ville, le juge de paix de la ville, ou si dans cette ville il y avait plusieurs juges de paix, le plus ancien d'entre eux; et six notables, dont deux à la nomination de l'évêque, deux à la nomination du préfet, et deux à la nomination du recteur.

Le comité pourra délibérer au nombre de cinq membres.

Le comité sera présidé par le délégué de l'évêque ou par le curé. A défaut de l'un et de l'autre, il sera présidé par celui des membres qui sera le premier inscrit sur le tableau.

4. A Paris, il y aura un comité par arrondissement municipal.

Chacun de ces comités sera composé ainsi qu'il est prescrit par l'article précédent.

5. Les six notables faisant partie des comités seront renouvelés par moitié tous les ans. Ils pourront être renommés.

6. Les comités se réuniront au moins une fois par mois, à un jour déterminé, et plus souvent, s'il est nécessaire.

Ils pourront tenir leurs séances dans une salle de la maison commune.

7. Le comité désignera un ou plusieurs inspecteurs gratuits, qu'il chargera de surveiller l'instruction primaire et de lui faire connaître les résultats de cette surveillance.

8. Le comité nommera dans son sein un secrétaire qui tiendra registre des délibérations.

Le président correspondra, au nom du comité, avec le recteur de l'académie. Il lui rendra compte de toutes les décisions du comité et des résultats de sa surveillance.

Chaque année, au mois de mai, le président fera connaître au recteur, par un compte ou tableau particulier, la situation de l'instruction primaire dans chacune des communes comprises dans la circonscription du comité.

9. Les brevets de capacité continueront d'être délivrés par les recteurs.

Pour être admis à subir l'examen qui, aux termes de l'article 10 de l'ordonnance du 29 février 1816, doit précéder la délivrance desdits brevets, l'aspirant devra présenter au recteur de l'académie ou à l'examinateur délégué par le recteur, outre le certificat de bonnes vie et mœurs exigé par ledit article, un certificat d'instruction religieuse, délivré par un délégué de l'évêque, ou, à son défaut, par le curé de la paroisse de l'aspirant.

10. A l'égard des Frères des écoles chrétiennes et des membres de toute autre association charitable, légalement autorisée pour former ou pour fournir des instituteurs primaires, le rec-

teur remettra à chacun d'eux un brevet de capacité sur le vu de l'obédience délivrée par le supérieur ou le directeur général de ladite association, conformément à ce qui est prescrit par les ordonnances du 1er mai 1822, du 11 juin, du 17 septembre et du 3 décembre 1823.

Le recteur délivrera pareillement à chaque Frère l'autorisation d'exercer dans le cas prévu par l'article 12 de l'ordonnance du 8 avril 1824.

11. Toute demande à fin d'obtenir l'autorisation spéciale d'exercer les fonctions d'instituteur primaire dans une commune sera soumise au comité dans la circonscription duquel se trouve cette commune.

Le comité recueillera les renseignemens nécessaires sur sa conduite religieuse et morale, depuis l'époque où il aura obtenu le brevet de capacité.

Il donnera son avis motivé, et le transmettra au recteur, qui accordera ou refusera l'autorisation.

Les mêmes formes seront suivies dans le cas des articles 18 et suivans de l'ordonnance du 29 février 1816, qui accordent le droit de présentation aux fondateurs, associations ou communes fondatrices d'écoles.

12. Nul instituteur primaire ne peut recevoir d'élèves pensionnaires sans en avoir obtenu la permission de notre conseil royal de l'instruction publique.

Cette permission sera donnée après avoir consulté le recteur de l'académie, et à la charge par l'instituteur de se renfermer strictement dans les limites que lui assigne son brevet de capacité.

13. Les instituteurs primaires ne pourront recevoir des élèves de différentes religions sans en avoir obtenu la permission de notre conseil royal de l'instruction publique, qui statuera, après avoir consulté le recteur de l'académie, et prescrira en même temps les mesures convenables.

14. Dans les cas prévus par les deux articles précédens, le recteur prendra l'avis du comité, et le transmettra à notre ministre de l'instruction publique, avec son opinion personnelle.

15. Lorsqu'un instituteur primaire voudra quitter la commune où il exerce ses fonctions et demandera l'autorisation d'exercer dans une autre, il ne pourra l'obtenir qu'en représentant un certificat de bonnes vies et mœurs, délivré par les autorités de celle

d'où il sort, visé et confirmé par le recteur de l'académie ou par son délégué; et il sera fait mention de ce certificat dans la nouvelle autorisation spéciale qui lui sera délivrée.

Cette nouvelle autorisation ne sera d'ailleurs délivrée qu'après l'accomplissement des autres formalités ci-dessus prescrites.

Dans les villes au-dessus de dix mille ames, lorsqu'un instituteur voudra changer de demeure, il devra de même obtenir la permission du recteur, qui prendra à cet égard l'avis du comité.

16. En cas, soit d'infraction aux articles 12, 13 et 15, soit de toute autre faute grave, l'autorisation spéciale et même le brevet de capacité pourront être retirés.

Le comité mandera l'instituteur inculpé, dressera procès-verbal de ses réponses ou de sa non-comparution, et donnera un avis motivé qui sera adressé au recteur.

En cas d'urgence, le comité pourra provisoirement ordonner la suspension, conformément à l'article 27 de l'ordonnance de 1816, et pourvoir provisoirement au remplacement de l'instituteur inculpé.

17. Le recteur pourra, selon les circonstances, retirer l'autorisation spéciale d'exercer, ou prononcer une simple suspension.

Dans l'un et l'autre cas, sa décision sera exécutoire par provision.

18. Si le recteur pense qu'il y a lieu de retirer le brevet de capacité, il soumettra l'affaire au conseil académique, qui statuera, après avoir entendu l'inspecteur chargé du ministère public.

19. Les décisions prises par les conseils académiques, dans les cas prévus par l'article précédent, seront sujettes au recours devant notre conseil royal de l'instruction publique. Le recours devra être exercé dans le délai d'un mois, à partir du jour où le recteur aura notifié la décision du conseil académique.

Toute autre décision ou mesure relative à l'instruction primaire sera sujette au recours devant notre ministre de l'instruction publique.

20. L'évêque pourra, toutes les fois qu'il le jugera convenable, visiter ou faire visiter les écoles primaires de son diocèse.

21. Les dispositions de la présente ordonnance s'appliquent tant aux écoles primaires des garçons qu'aux écoles primaires des filles.

22. Les articles 8, 9, 10 et 11 de l'ordonnance du 8 avril 1824 sont abrogés.

Les articles 12, 13, 14, 15, 16, 17, 18, 19 et 21 de la présente ordonnance sont applicables aux écoles primaires protestantes.

Il n'est pas dérogé aux réglemens actuellement en vigueur relativement à l'organisation des comités de surveillance de ces écoles. Ces comités rempliront à l'égard desdites écoles les fonctions déterminées par les articles sus-énoncés.

23. Notre ministre secrétaire d'état au département de l'instruction publique est chargé de l'exécution de la présente ordonnance.

Donné en notre château des Tuileries, le vingt et unième jour du mois d'avril, l'an de grâce mil huit cent vingt-huit, et de notre règne le quatrième.

Signé CHARLES.

Par le Roi :

Le Ministre Secrétaire d'état au département de l'instruction publique,

Signé H. DE VATIMESNIL.

EXTRAIT DE L'ORDONNANCE DU ROI

Du 26 mars 1829.

TITRE V.

Des Écoles primaires protestantes.

20. Les comités gratuits chargés de surveiller les écoles primaires protestantes seront placés de manière qu'il y en ait un au moins par arrondissement d'église consistoriale. Les mesures nécessaires pour l'organisation de ces comités seront prescrites par un réglement universitaire.

Signé CHARLES.

Par le Roi :

Le Ministre Secrétaire d'état au département de l'instruction publique,

Signé H. DE VATIMESNIL.

ORDONNANCE DU ROI

Du 14 février 1830.

CHARLES, par la grâce de Dieu, Roi de France et de Navarre,

A tous ceux qui ces présentes verront, Salut.

Sur le rapport de notre ministre secrétaire d'état au département des affaires ecclésiastiques et de l'instruction publique,

Nous étant fait rendre compte de la situation des écoles primaires dans le royaume, nous avons reconnu qu'un nombre assez considérable de communes étaient encore privées des moyens d'instruction que notre volonté est de mettre à la portée de tous nos sujets, et qu'il importait de prendre de nouvelles mesures afin de parvenir à ce but dans le plus bref délai possible;

Voulant améliorer en même temps le sort des instituteurs et leur assurer la récompense que méritent leurs utiles fonctions;

Vu l'avis de notre conseil royal de l'instruction publique;

Vu l'avis du comité de l'intérieur de notre conseil d'état,

Nous avons ordonné et ordonnons ce qui suit:

Art. 1er. Les mesures suivantes seront prises pour que toutes les communes du royaume soient immédiatement pourvues de moyens suffisans d'instruction primaire.

2. Les écoles communales seront divisées en trois classes correspondantes aux trois degrés d'enseignement reconnus par l'article 11 de l'ordonnance du 29 février 1816; ce classement sera fait dans chaque département par le préfet, de concert avec le recteur de l'Académie, et présenté à l'approbation du conseil général dans sa session annuelle.

3. Le conseil général déterminera le minimum des émolumens divisés en traitemens fixes et produits éventuels de chacune des trois classes d'écoles.

Le tableau général de classement des écoles du département sera dressé en trois expéditions, dont l'une sera déposée à la préfecture, la seconde dans les archives de l'Académie, et la troisième, transmise à notre ministre des affaires ecclésiastiques et de l'instruction publique.

4. Ce tableau sera révisé annuellement dans les mêmes formes. Les écoles qui, par l'effet de fondations, donations particulières ou votes nouveaux des communes, auraient acquis une impor-

tance suffisante, seront élevées, s'il y a lieu, à une classe supérieure.

5. Les conseils municipaux de toutes les communes du royaume délibéreront, dans leur prochaine session ordinaire du mois de mai, sur les moyens de pourvoir à l'établissement et à l'entretien des écoles primaires dont ils auront reconnu la nécessité.

Dans le cas où les dépenses ne pourraient être couvertes qu'à l'aide d'une imposition extraordinaire, elle sera votée dans les formes prescrites par les art. 39 et suivans de la loi du 15 mai 1818.

6. Les conseils municipaux arrêteront dans cette délibération:

1° Le montant des frais indispensables pour le premier établissement de l'école;

2° Le traitement fixe annuel propre à assurer le sort de l'instituteur, en ayant égard aux émolumens éventuels qu'il pourra obtenir des élèves payans;

3° Le vote des fonds destinés aux frais d'établissement de l'école, et ceux affectés au traitement fixe de l'instituteur: ce traitement sera voté pour cinq ans;

4° La liste des enfans qui seront admis gratuitement à l'école;

5° Enfin, le taux de la rétribution mensuelle à payer pour les enfans qui ne seront pas admis aux leçons gratuites.

7. Lorsqu'une commune n'aura pas les moyens d'entretenir un instituteur, elle pourra s'entendre avec une ou plusieurs communes voisines pour en avoir un en commun.

Dans ce cas, chaque conseil municipal votera sa portion contributive aux diverses dépenses, conformément à l'article précédent, et dressera la liste des enfans de la commune qui devront recevoir l'instruction gratuite.

7. La distribution des leçons entre les enfans des communes ainsi associées sera réglée d'un commun accord par les maires respectifs, et ce réglement sera soumis à l'approbation du recteur, qui statuera après avoir pris l'avis du comité de surveillance.

8. Les préfets présenteront aux conseils généraux, dans leur prochaine réunion, outre le tableau énoncé en l'article 2 ci-dessus, l'état des communes qui auront voté les fonds suffisans pour couvrir toutes leurs dépenses relatives à l'instruction primaire, et de celles qui n'auront pu se charger que d'une partie de ces mêmes dépenses.

9. Vérification faite de ces états, le conseil général délibérera sur les secours qu'il conviendrait d'accorder aux communes reconnues dans l'impossibilité de subvenir aux frais de leurs écoles, et votera les sommes qu'il jugera devoir allouer à cet effet.

L'état de répartition de ces sommes, arrêté par le conseil général, sera transmis au recteur de l'académie et à notre ministre des affaires ecclésiastiques et de l'instruction publique.

10. Outre les écoles primaires proprement dites, il sera établi des écoles-modèles préparatoires destinées à former des instituteurs.

Il y aura au moins une de ces écoles par Académie.

Les conseils généraux délibéreront, dans leur prochaine session, sur l'établissement et l'entretien d'une de ces écoles dans le département même, s'il y a lieu, ou sur la contribution du département aux dépenses de l'école commune, qui sera, autant que possible, placée au chef-lieu de l'Académie.

Les préfets se concerteront avec les recteurs pour préparer les propositions sur lesquelles il conviendra d'appeler à cet égard l'attention des conseils généraux.

11. Chaque année il sera porté au budget de l'État une somme spécialement destinée à encourager l'instruction primaire; et, pendant cinq ans, à partir du 1er janvier 1831, il sera prélevé, pour le même objet, le vingtième du produit de la rétribution universitaire, établie par les articles 134 du décret du 17 mars et 25 du décret du 17 septembre 1808.

12. Le fonds ainsi formé sera employé par notre ministre des affaires ecclésiastiques et de l'instruction publique, d'après l'avis de notre conseil royal:

1° A donner des secours aux communes qui se trouveraient dans l'impossibilité absolue de se procurer des moyens d'enseignement, et principalement à fonder des écoles-modèles préparatoires;

2° A faire composer, imprimer et distribuer des livres élémentaires;

3° A donner des encouragemens et des récompenses aux instituteurs qui se seront distingués par leur aptitude, leur zèle et leur bonne conduite.

13. Un rapport sur l'emploi des fonds sus-énoncés, et sur l'état de l'instruction primaire dans toute l'étendue du royaume,

nous sera présenté chaque année au mois de janvier, et communiqué aux Chambres.

14. Notre ministre des affaires ecclésiastiques et de l'instruction publique nous proposera incessamment un réglement général pour assurer aux instituteurs primaires communaux, au moyen de retenues sur leurs traitemens et des autres ressources dont on pourra disposer, des pensions de retraite, lorsque l'âge ou les infirmités les mettront dans la nécessité de renoncer à leurs fonctions, après les avoir exercées pendant un nombre d'années déterminé.

15. Notre ministre des affaires ecclésiastiques et de l'instruction publique et notre ministre de l'intérieur sont chargés, chacun en ce qui le concerne, de l'exécution de la présente ordonnance.

Donné en notre château des Tuileries, le 14 février de l'an de grâce 1830, et de notre règne le sixième.

Signé CHARLES.

Par le Roi :

Le Ministre Secrétaire d'état au département des affaires ecclésiastiques et de l'instruction publique,

Signé DE GUERNON RANVILLE.

Pour ampliation :

Le Conseiller Secrétaire du Conseil royal,

Signé L. MAUSSION.

TABLE DES MATIÈRES

PAR ORDRE ALPHABÉTIQUE.

A.

H.

L.

M.

N.

O.

FIN.

ORDONNANCE DU ROI.

Du 16 octobre 1830.

Louis-Philippe, roi des Français, etc.

Vu les décrets du 17 mars 1808 et du 15 novembre 1811;

Vu les ordonnances du 29 février 1816, du 2 août 1820, du 8 avril 1824, du 21 avril 1828, du 26 mars 1829 et du 14 février 1830;

Considérant que l'institution des comités gratuits chargés d'encourager et de surveiller les écoles primaires est une des mesures les plus propres à hâter l'amélioration et les progrès de l'instruction élémentaire, et qu'il importe de donner à ces comités toute l'action dont ils ont besoin;

Vu le mémoire de notre conseil royal de l'instruction publique,

Sur le rapport de notre ministre secrétaire d'état de l'instruction publique et des cultes, grand-maître de l'Université,

Avons ordonné et ordonnons ce qui suit :

Art. 1er. Les comités d'instruction primaire seront incessamment réorganisés, conformément aux dispositions suivantes :

2. Il y aura, suivant la population et les besoins des localités, un ou plusieurs comités par arrondissement de sous-préfecture.

3. Chaque comité sera composé de sept membres au moins, et de douze membres au plus.

Seront membres de droit de tous les comités de l'arrondissement, le sous-préfet et le procureur du roi.

Seront membres de droit de chaque comité : le maire de la commune où le comité tiendrait ses séances;

Le juge de paix du canton;

Le curé cantonnal.

Les autres membres du comité seront choisis parmi les notables de l'arrondissement ou du canton par le recteur de l'Académie, de concert avec le préfet du département, sauf l'approbation de notre ministre, grand-maître de l'Université.

4. Les membres qui ne font point nécessairement partie des comités seront renouvelés annuellement par tiers; ils pourront être renommés.

Tout membre d'un comité qui, sans avoir justifié d'une excuse valable, n'aura pas assisté à trois séances ordinaires consécutives, sera censé avoir donné sa démission, et il sera remplacé dans les formes prescrites.

5. Le maire de la commune où se tiendra le comité sera de droit président de ce comité. En cas d'absence ou d'empêchement, soit du maire, soit de l'adjoint au maire, le comité sera présidé par celui des membres présens qui sera inscrit le premier sur le tableau.

Lorsque le sous-préfet et le procureur du roi voudront assister à la séance d'un des comités de leur arrondissement, ils prendront la présidence. En cas de concurrence, la présidence est dévolue au sous-préfet.

6. Les dispositions concernant les attributions et les devoirs des comités seront prescrites par des réglemens universitaires, de manière que tout y tende à favoriser la propagation de l'instruction primaire dans toutes les communes du royaume, l'emploi des meilleures méthodes d'enseignement et le prompt établissement des écoles normales primaires.

7. Notre conseil royal de l'instruction publique fera un réglement spécial pour l'organisation des comités chargés de surveiller et d'encourager les écoles normales israélites.

8. Les ordonnances antérieures sont maintenues en tout ce qui n'est pas contraire à la présente.

9. Notre ministre secrétaire d'état au département de l'instruction publique et des cultes est chargé de l'exécution de la présente ordonnance.

Fait à Paris, le 16 octobre 1830.

LOUIS-PHILIPPE.

Par le roi :

Le ministre secrétaire d'état de l'instruction publique et des cultes,

DUC DE BROGLIE.

CHANGEMENS

SURVENUS DEPUIS L'IMPRESSION DE CETTE TROISIÈME ÉDITION.

Supprimer : page 22, l'article 54.
— 24, le 3e de l'article 59, ainsi que la note correspondante.
— 27, les lignes 6 et 7.
— 30, la note au bas de la page.
— 37, le 3e de l'article 91.

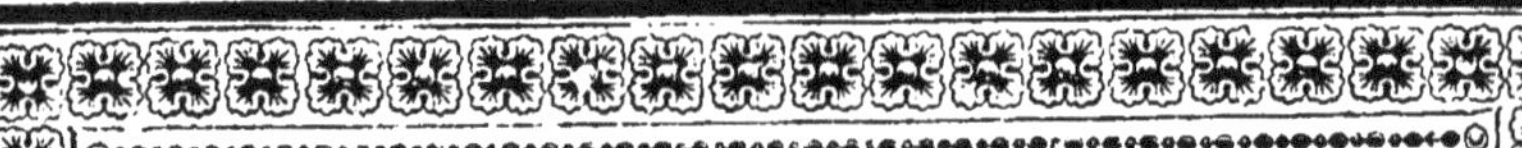

Chez le même Libraire,

On trouve, imprimés dans un format convenable, les Tableaux ci-après dont le modèle est donné dans le *Guide des Écoles.*

Registre des élèves externes et pensionnaires, une feuille in-plano. Prix : le cent rayé . . . . 15 fr.

Registre de correspondance. In-fol. Prix : le cent rayé. . . . . . 12 fr.

Registre des récompenses. In-fol. Prix : le cent rayé. . . . . . . 12 fr.

Tableau du personnel des Instituteurs et des Institutrices primaires, Une feuille in-plano. Prix, le cent rayé. . . . . 15 fr.

Matières d'Examen pour les 1er, 2e *et* 3e *degrés*. In-fol. P. le cent. 8 fr.

Brevet de capacité de 1er, 2e *et* 3e *degrés*. In-fol. Prix, le cent. 10 fr.

Autorisation d'Instituteur primaire. In-fol. Prix, le cent... . . 10 fr.

Autorisation d'Institutrice primaire. In-fol. Prix, le cent. . . 10 fr.

Billets de satisfaction. Prix, le mille.. . . . . 5 fr.

Nota. MM. les recteurs qui voudraient que ces Tableaux portassent imprimé le nom de leur académie, sont prévenus que les planches restent toujours composées, et qu'il sera fait des tirages spéciaux pour eux, lorsque leur demande sera au moins de 500 exemplaires d'une sorte.

LE

VISITEUR DES ÉCOLES,

OU

GUIDE DES MEMBRES

DES COMITÉS D'INSTRUCTION PRIMAIRE,

DES INSPECTEURS GRATUITS ET DES SURVEILLANS SPÉCIAUX

DES ÉCOLES,

PAR UN INSPECTEUR D'ACADÉMIE.

Un vol. in-8°. Prix : 1 fr. 25 c.

IMPRIMERIE DE E. DUVERGER,
Rue de Verneuil, n. 4.

IMPRIMERIE DE E. DUVERGER,
RUE DE VERNEUIL, N° 4.

www.ingramcontent.com/pod-product-compliance
Ingram Content Group UK Ltd.
Pitfield, Milton Keynes, MK11 3LW, UK
UKHW020321180726
13839UKWH00002B/513